Karl Arnold veröffentlichte im Simplicissimus von 1918–1933 allwöchentlich Karikaturen, deren Ideen von ihm selbst stammten und deren Texte er selbst verfaßt hatte. Sie entstanden abwechselnd in München und Berlin. Aus diesen über 700 Blättern wurden hier 109 ausgewählt. Wie entschieden Karl Arnold auch zu den politischen, sozialen und kulturellen Ereignissen Stellung nahm, er war doch in erster Linie Künstler, ein Künstler allerdings, dem es in ungewöhnlichem Maße auf Genauigkeit ankam und dessen Zeichnungen dadurch ein hohes Maß an Authentizität haben.
Hermann Kesten, selbst Augenzeuge dieser Zeit und zeitweise Mitarbeiter des Simplicissimus, schildert die Epoche, aus deren Geist diese Karikaturen entstanden sind und die diese Karikaturen porträtieren.

Karl Arnold

Drunter, drüber, mittenmang

Karikaturen aus dem
Simplicissimus

Mit einem Vorwort von Hermann Kesten

Harenberg Kommunikation

Auswahl und Dokumentation: Fritz Arnold

Die bibliophilen Taschenbücher

Lizenzausgabe
des Carl Hanser Verlags, München

Gesamtherstellung: Karl Hitzegrad, Dortmund
Printed in Germany

Inhalt

Hermann Kesten

Die Republik von Weimar und die Karikaturen von Karl Arnold

„Laßt mich weinen! Umschränkt von Nacht in unendlicher Wüste . . .“
Goethe

Über die Republik von Weimar zu urteilen, ist schwerer, als sie zu beschreiben. Schon zu Beginn verraten, zuletzt verkauft, lebte sie vierzehn Jahre.
So vieldeutig war keine andre kurze Epoche der deutschen Geschichte, keine so bewegt und abwechslungsreich, als rolle der Film eines Jahrhunderts in vierzehn Jahren ab. Auf den Zusammenbruch des Reichs 1918 folgte ein blendender Aufschwung der Republik, und schon ihr Sturz 1933. Eine unvergleichliche kulturelle Blüte von anderthalb Jahrzehnten ward zertrampelt von den geistigen und moralischen Habenichtsen der Nation, die mit dem intellektuellen Abhub des Jahrhunderts ein zivilisiertes Volk zu modernen Barbaren machten. Allzu viele Deutsche tauschten Scham, Gewissen, die Würde des Menschen und die Menschenrechte gegen Mordlust, Rassenwahn und das Glück von Sklaven ein. Adolf Hitler, der die Schuld an vierzig oder fünfzig Millionen Toten trägt und aus Deutschland einen Trümmerhaufen gemacht und es halbiert hat, schmähte sie als „vierzehn Jahre der Schmach“. Er selber, und alle die sich seiner bedienten, oder ihm dienten, wurden die Schmach des Jahrhunderts.
Woran mißt man also die Republik von Weimar? An ihren Möglichkeiten, die sie verspielt hat? An ihren Leistungen? Am unverdienten Elend? Am katastrophalen Ausgang?
Sie begann mit dem Bankrott des Kaiserreichs und endete mit ihrem Bankrott. Zweimal stellten sich die Deutschen der Demokratie, beide Male nach verlorenen Weltkriegen. Unglücksfiguren der deutschen Geschichte, Bismarck, Kaiser Wilhelm II., Hindenburg und Ludendorff, führten zum Untergang des Kaiserreichs, das wie das zaristische Rußland eine Monstrosität des 20. Jahrhunderts war. Unglücksfiguren wie die geschlagenen Generäle Hindenburg und Ludendorff, oder die obskurantischen Politiker Brüning, Papen, Hugenberg, Meißner, Seeckt und Schleicher verrieten die Republik, der sie dienen sollten. Mit Hilfe

derselben Junker, Großindustriellen und Finanziers, die nach dem verlorenen Ersten Weltkrieg durch eine mutwillige und maßlose Inflation ihren privaten Wirtschaftskrieg gegen die „Alliierten“ und das eigene Volk gewonnen hatten, indem sie die Siegermächte um Reparationen und Kredite, und die deutschen Arbeiter, Angestellten und Bürger um ihre sozialen Errungenschaften und Geld und Gut prellten, lieferten sie das Vaterland einer Gruppe deklarierter Massenmörder aus. Diese Gruppe führte der machttolle Hitler, der seinen Wahnsinn, seine künftigen Morde und seinen Welteroberungskrieg neun Jahre vorher bereits in der Bibel des „Dritten Reiches“, „Mein Kampf“, triumphierend prophezeit hat, wie als Zeuge vor dem Reichsgericht in Leipzig, mit der Erklärung im Prozeß gegen die drei Ulmer Reichswehrleutnants Ludin, Scheringer und Wendt: „Köpfe werden rollen!“ (Siehe Frankfurter Zeitung, 26. 8. 1930).

In Weimar, der thüringischen Kleinstadt, wo Herder, Goethe, Schiller, Wieland in Gefahr gerieten, Provinzdichter zu werden, erhielt die erste deutsche Republik ihre Verfassung. Ein Berliner Jude hatte sie entworfen, der Staatsrechtler Hugo Preuß. Es war eine freiheitliche Verfassung, nur wurde sie von Feinden der Freiheit mißbraucht.

Im Grunde hatte die Weimarer Republik nur sechs gute Jahre, 1924–1929. Diese sechs Jahre gaben dem ganzen Jahrzehnt, ja der Weimarer Republik die Gloriole der „Goldenen Zwanziger Jahre“.

In der Tat kämpfte die Republik von Weimar gegen innere und äußere Widersacher keineswegs aussichtslos um die technische, industrielle, soziale, gesellschaftliche, intellektuelle, moralische und zivilisatorische Aktualisierung und Erneuerung. Sie kämpfte um soziale Gerechtigkeit und eine humane Politik, für eine Welt des Friedens und des Völkerbunds. In diesem demokratischen Staat sollten das Nationaleinkommen und das Nationalvermögen, gemäß den ausgeglichenen Interessen aller Stände und Klassen gerechter verteilt werden.

Der bessere Teil des deutschen Volkes wehrte sich gegen Aberglauben, Unwissenheit und gegen die Ausnutzung von Menschen durch Menschen. Bei diesem schweren, langsamen, opfervollen Prozeß gegen die Volksfeinde im eigenen Land führte die Weimarer Republik den Kampf trotz dem verlorenen Krieg, trotz dem unvernünftigen und aussichtslosen Vertrag von Versailles, trotz der erzwungenen „Erfüllungspolitik“, trotz der Besetzung des Rheinlands, und im Januar 1923 des Ruhrgebiets, trotz Bürgerkrieg, Hunger, Wohnungsnot, Arbeitslosigkeit, trotz der Rassenhetze gegen die Juden und die „schwarze Schmach“, nämlich die amerikanischen Neger in der Besatzungsarmee, trotz Freicorps und

Fememorden, der geheimen Aufrüstung, dem Panzerkreuzer A. Es war eine Epoche der Links- und Rechts-Putsche, und des zeitweise offenen, zeitweise schwelenden Bürgerkriegs. Da gab es die kommunistischen Aufstände: Spartakus Januar 1919 in Berlin, die Räterepublik in Bayern April und Mai 1919, Max Hölz im Vogtland und in Mitteldeutschland 1920 und 1921. Da gab es die nationalen Morde von Karl Liebknecht und Rosa Luxemburg in Berlin, von Kurt Eisner und Gustav Landauer, von Levin und Leviné-Nissen in München 1919, von Matthias Erzberger 1921 und Walter Rathenau am 24. 6. 1922 in Berlin. Da gab es den Ausnahmezustand unter General Seeckt, und die nationalen Putsche, den Kapp-Putsch mit dem General von Lüttwitz und der Marinebrigade Ehrhardt vom 13. bis 17. März 1920; den mißlungenen Putschversuch des Adolf Hitler mit dem geschlagenen General Ludendorff am 8./9. November 1923.

Schon 1925 wurde ein geschlagener und republikfeindlicher General, der hölzern sinistre und schließlich korrupte Hindenburg, ein erklärter Monarchist, der zweite Reichspräsident der Republik, und ihr Totengräber.

Am 23. 10. 1929, dem „schwarzen Freitag", begann die Weltwirtschaftskrise. In Deutschland gab es zuletzt, im März 1932, 6,1 Millionen Arbeitslose (in den USA 15,5 Millionen). Schon 1930 beginnt Brüning mit Notverordnungen zu regieren.

Es gab eine schwarze Reichswehr und die Schutz- und Kampfverbände der politischen Parteien, die Rotfront-Kämpfer der Kommunisten, das von den Sozialdemokraten O. Hörsing und K. Höltersmann gegründete Reichsbanner Schwarz-Rot-Gold, einen Wehrverband zur Verteidigung der Weimarer Republik, mit dreieinhalb Millionen Mitgliedern 1932. Es gab den Stahlhelm der Deutschnationalen, Bund der Frontsoldaten, im November 1918 durch Franz Seldte gegründet, und es gab Hitlers Sturm-Abteilungen, die SA samt der SS, der Schutzstaffel, 1925 gegründet zum persönlichen Schutz des Führers, aus der SA abgesondert, seit 1929 unter Himmler, der deutschen Terrortruppe, nach dem Krieg in Nürnberg zur verbrecherischen Organisation erklärt. Seit 1929 gehörten der Stahlhelm mit den Deutschnationalen unter Hugenberg und die Nationalisten unter Hitler zur „Nationalen Opposition" (Harzburger Front). 1933 wurde der Wehr-Stahlhelm (Mitglieder bis zum 35. Jahr) in Hitlers SA eingegliedert.

Es gab Straßenkämpfe zu Anfang und am Ende der Republik. Der Bruder in der braunen Uniform schoß auf den Bruder unter der roten Fahne. Die Mutter gehorchte ihrem Beichtvater und wählte Zentrum oder

die Bayerische Volkspartei. Der Vater brachte die Arbeitslosenversicherung heim, er „ging stempeln“. Die Schwester ging auf den Strich und verdiente mehr als der Rest der Familie.
Man hetzte gegen die Ostjuden, weil sie kein Geld hatten und trotzdem leben wollten. Man hetzte gegen die deutschen Juden, weil sie angeblich zu viel Geld hatten und zu gut leben wollten. Gegen Pazifisten wie Ernst Toller und Carl von Ossietzky machte man Hochverratsprozesse und sperrte sie ein. Die Fememörder ließ man laufen, und den Putschisten Adolf Hitler, zu fünf Jahren Festung verurteilt, entließ man schon im Dezember 1924 aus der Festung Landsberg, wo er sein Mordprogramm „Mein Kampf“ geschrieben oder diktiert hatte.
Die Justiz war dubios. Die christlichen Kirchen vergaßen ihr Christentum. Der moralische Ausverkauf und intellektuelle Verrat kennzeichneten große Teile der deutschen Gesellschaft und der Intellektuellen. Die katholischen Parteien, Zentrum und Bayerische Volkspartei, gehorchten, verführt vom Prälaten Kaas, demokratiefeindlichen Ratschlägen der römischen Kurie. Ein Teil des deutschen Volkes verachtete seine Intellektuellen, haßte alles, was als modern verrufen war: Wissenschaften, Kunst, Literatur, moderne Architektur und Erziehung. Die KPD trieb in Deutschland sowjetrussische Politik. Die SPD lieferte aus Angst vor dem Kommunismus sich und das Reich zynischen Generälen aus, und erlaubte aus Angst vor dem Nationalsozialismus dem Präsidentialkanzler Heinrich Brüning, einem katholischen Monarchisten, der nach der Pfeife der Kamarilla Hindenburgs tanzte, das Parlament durch Notverordnungen auszuschalten.
Dennoch waren diese 14 Jahre, verglichen mit dem wilhelminischen Reich, ja mit den meisten Jahrzehnten der deutschen Geschichte, noch eine der besten Perioden, weil es wenigstens eine politische Tendenz gab, aus den Deutschen ein freies Volk zu machen, aus kaiserlichen Untertanen unabhängige Republikaner.
Jene Republik von Weimar, ein Fragment einer Epoche, glich einem Schaufenster mehrerer Epochen. Durch die Auflösung der Feudalgesellschaft, durch das Ende des preußischen Dreiklassenwahlrechtes, durch den Zusammenbruch des altpreußischen Militarismus und dank der Weimarer Verfassung wurden einige der besten Elemente des deutschen Volkes frei. Jene anderthalb Jahrzehnte holten im Sturmschritt die steckengebliebene Entwicklung eines Jahrhunderts nach. Alles schien möglich, sogar alles mögliche Gute.
Im ganzen Abendland hatten die Jahrzehnte zwischen den beiden Weltkriegen einen zivilisatorischen Glanz, weil drei von der Epoche begün-

stigte und gesparte Generationen zusammenwirkten. Wie Zeitgenossen der englischen, französischen, amerikanischen Revolution gewannen die Zeitgenossen der russischen Revolution politische, soziale, kulturelle Anregungen, wie auch von der sprunghaften Industrialisierung Amerikas und leider auch vom Faschismus. Die Revolution schafft im eigenen Land neue Fesseln im Namen der Freiheit. Die Revolution nebenan, die man gleichsam vom Balkon aus sieht, verführt zu neuen Ideen und Reformen.

Wie weit kann eine politisch-satirische Wochenschrift, ein Witzblatt wie der 1896 in München von einem Christen und einem Juden, dem Verleger Albert Langen und dem Zeichner Thomas Theodor Heine gegründete Simplicissimus, wie weit können Satire und Karikatur ein Volk, ein Land, eine Zeit illustrieren? Korrigiert die Satire, oder korrumpiert sie? Wem gilt diese Satire? Wen trifft die Karikatur?

Deutschland, in der Mitte Europas, in der Mitte zwischen dem amerikanischen Spätkapitalismus und dem russischen Kommunismus, war der hilfreichste Agent eines neuen Europas, und zwischen Amerika, Europa und Asien, in wirtschaftlicher, sozialer, geistiger, kultureller Hinsicht, der Vermittler, der Übersetzer, ein wahrer Mischkrug vieler Zivilisationen. Infolge der geschwind wechselnden Weltsituationen, der Revolutionen und der reaktionären Staatsstreiche, zwischen Lenin und Henry Ford, Thomas Woodrow Wilson und Leo Trotzky, zwischen Benito Mussolini und Clemenceau, Gandhi und Oswald Spengler, Ernst Toller und Franz Kafka, zwischen Karl Marx und Sigmund Freud, Rosa Luxemburg und Richard Strauß, Arnold Schönberg und Kurt Weill, Heinrich Mann und den Beinen der Marlene Dietrich, Thomas Mann und Brecht, zwischen Naturalismus und Surrealismus, Jugendstil und Expressionismus und der Neuen Sachlichkeit, zwischen den Wiener Werkstätten und dem Bauhaus, zwischen Albert Einstein und Alfred Rosenberg wechselten Weltanschauungen, Kunststile, Lebensstimmungen, Moden und Neurosen geradezu von Jahr zu Jahr. Im selben Witzblatt begegnete jeder jedem, Stefan George dem Julius Streicher, Asta Nielsen der Annette Kolb.

Der Völkermord ward aktuell, der politische Mord eine Wochenend-Affäre, die Diktatur geradezu familiär. 1923 kostete in Deutschland ein Laib Brot tausend Mark, bald darauf hunderttausend Mark, dann eine Million, schon eine Milliarde, schließlich einige Groschen der neuen Rentenmark. Geld war nach 24 Stunden wertlos wie eine verwelkte Blume.

Heute war man reich, morgen arbeitslos und hungrig. Auto, Radio,

Flugzeug kamen auf und mehrten sich wie Sand am Meer. Kaiserreiche, Königreiche, Throne stürzten. Gestern waren Müller und Meier beim Arbeiterrat, heute schon bei der SA. Gestern wählte man in Preußen nach drei Klassen, heute nach dem allgemeinen Wahlrecht, morgen wird man zu 90 oder 95% den Hitler wählen. Scham, Gewissen und Grundsätze wurden abgerissene Vokabeln. Die Kirchen zitterten vor dem Atheismus, den man in Sowjetrußland den Kindern einbleute, und vor der Gestapo und der SS, die aus Christus den Vorläufer von Adolf Hitler machen wollten.
1918 mußte ich noch, ein Gymnasiast von 18 Jahren, den Rektor um die Erlaubnis bitten, allein in ein Kaffeehaus oder in ein Theater zu gehn. 1919 saß ich schon im obersten Schülerrat meines Gymnasiums. Das Jahr darauf gab es Schulen, wo nach amerikanischem Vorbild das Kind der König war.
Manche gediegene Bürger trugen in der rechten Tasche das Hakenkreuz, in der linken Tasche das Parteibuch der KPD. Sie waren stets bereit. Wie in allen Revolutionen zogen die Frauen sich aus, wenn sie sich anzogen. Die Emanzipation sollte die Frau und den Speisezettel verwandeln, die Presse und die Sexualität, Kunst, Erotik, Möbel, Bestecke, Schule, Kirche, Politik und die sexuelle Befriedigung der Frau.
Der Irrationalismus kämpfte in der halben Welt gleichzeitig gegen die Aufklärung und die Demokratie, gegen Freimaurer und Juden, gegen Sozialismus und Freidenker, gegen Marxismus und Psychoanalyse, gegen Freiturner, freie Liebe und freie Wahlen.
Im Großen Schauspielhaus zu Berlin produzierten sich tausend Nacktkultisten auf der Bühne, es stank nach Schweiß und Bier und Urin, und sah aus wie in Großmetzgereien, wo enthaarte Schweine in Reihen hängen.
Die Sozialisten predigten: Wissen ist Macht! Die Nationalisten: Die Juden sind unser Unglück! Wissenschaften und Juden wurden bald dezimiert und ausgetrieben. Oberschlesien wurde geteilt, Danzig zum Freistaat erklärt, das halbe Oberschlesien wurde polnisch. Um nach Ostpreußen zu kommen, fuhr man durch den „Korridor“.
In der Inflationszeit zahlte man für die Frau oder Tochter seines Nachbarn eine Schachtel Zigaretten oder ein Pfund Butter. Die Tanzwut wurde epidemisch. Man tanzte Twostep und Tango, Shimmy und Charleston, sogar Polka, Männer mit Frauen, Männer mit Männern, Frauen mit Frauen.
Hugo Stinnes wurde ein sensationeller Sammler deutscher Industriegesellschaften, sowie von Handels- und Schiffahrtsgesellschaften. Aber

die Karikaturisten griffen nicht ihn oder Thyssen und Krupp, IG Farben und AEG, sondern eine erfundene Figur namens Raffke an, oder die „Schieber". Das heißt, die Kleinen hing man, die Großen ließ man laufen, vielmehr man schenkte ihnen das halbe Reich und vergötterte sie und ließ durch ihre Mittelsmänner wie Cuno und Schacht das Reich regieren.

Aber die Künste blühten, die Wissenschaften, Literatur, Theater und Film und Rundfunk, Kabaretts und Theaterkritik, Medizin und Chemie, Physik, Pädagogik, Psychologie. Gustav Stresemann erhielt, wie nach ihm Willy Brandt, den Friedens-Nobelpreis. Schon 1919 gründete Walter Gropius in Weimar das Bauhaus, und da die thüringische Provinz gegen den Modernismus protestierte, verlegte Gropius 1925 das Bauhaus nach Dessau, und als 1933 ganz Deutschland zur finstersten Provinz entartete, wurde das Bauhaus aufgelöst, und die meisten Mitarbeiter gingen ins Exil, die Architekten Gropius, Mies van der Rohe, Marcel Breuer, die Maler Kandinsky, Klee, Feininger. Sie machten Epoche in aller Welt. Es gab die Physiker Einstein, Lise Meitner, Erwin Schrödinger, James Franck, Max Planck, Wolfgang Pauli.

Wer rief in der Weimarer Republik nach Satire?

Der abgedankte Kaiser Wilhelm II., der Holzhacker in Holland, sowie die Präsidenten der Republik, Ebert, Hindenburg schienen jeder schon vom lieben Gott als Karikaturen konzipiert. Dazwischen wimmelte es von Schiebern, Neureichen, Drogensüchtigen, Sexsüchtigen, von der preußischen Sorte der Anarchisten, Fememörder in Uniform, mit uniformierten Gedanken und Gesinnungen.

Seit den Satirikern der Antike, seit Aristophanes und Menander, Plautus und Terenz, Martial und Juvenal, Horaz und Lukian blieben die Satire und Karikatur konservativ. Durch zweitausend Jahre lacht man in Europa über dieselben Typen und Figuren, über die falschen Aussprüche korrupter Politiker, die von Idealen sprechen, wenn sie ihre Einnahmen meinen. Man verspottet den miles gloriosus, den ruhmredigen Soldaten, und alle, die vom Sex leben, Huren, Zuhälter, Kuppler, man verspottet geile Greise und Neureiche, die Armen und die wildgewordenen entfesselten Kleinbürger, falsche Herren und freche Diener.

Die Komödie ist eine Erfindung der Städter. In unserem Jahrhundert verspottete man Minderheiten, z. B. Homosexuelle, die man Abseitige nannte. Im Simplicissimus verspottete man die Politiker aller Richtungen von Liebknecht und Ebert bis Hindenburg, Papen und Hitler, Stresemann und Brüning, bis im März 1933, nach der Flucht von Franz Schoenberner und Thomas Theodor Heine der Simplicissimus von einem Heft zum anderen hitlerhörig wurde, bis zu seinem Untergang 1944. Im Dritten Reich konnte man freilich weder Satire noch Karikatur frei präsentieren. Man bekam alles von der Partei geliefert und verlor darüber Witz und Würde.

Die Satire und Karikatur treffen nur die Fassaden, nur die Zeitkostüme, entsprechen nur populären Vorurteilen. Dennoch altert treffende Satire nicht sehr, zuweilen wird sie mit den Jahren geradezu aktuell.

Satire und Karikatur haben eine Vorliebe für Außenseiter: Sie zeigen lieber Arbeitslose als Arbeiter bei ihrer Arbeit. Satire und Karikatur liefern ein Zerrbild der Zeit. Sie sind ohne Respekt, setzen die besten wie die schlimmsten herab, sie lassen nur die gewöhnlichen Leute, nur den unauffälligen Durchschnitt ungeschoren.

Wenn wir von Sokrates oder Euripides nur wüßten, was Aristophanes von ihnen gesagt hat, sähen wir ihre komischen Seiten genau, und hätten nur eine vage Vorstellung von ihrer wahren Größe.

Ohne Satire und Karikatur, die auch die Besten trifft, endeten wir bei einer blinden Heldenverehrung.

Auch die Weimarer Republik war größer als sie in der Satire und Karikatur erscheint.

Ich habe 1932 in Berlin von einem Bücherkarren in der Augsburger Straße alle Jahrgänge des Simplicissimus von 1896 bis 1931, in Leinen gebunden, für eine lächerlich geringe Summe gekauft. Als ich mit ihnen und einem Dienstmann in meine Wohnung in der Niebuhrstraße kam, rief meine Frau: „Wohin damit?“ und hob die Arme zum Himmel. „Wenn ich einen Roman über die Kaiserzeit oder die Weimarer Republik schreibe, finde ich hier den halben Stoff“, erwiderte ich. Freilich ließ ich im März 1933 meine Fünfzimmerwohnung samt Möbeln und 4000 Büchern, einschließlich der Simplicissimusbände stehn und fuhr ins Exil nach Paris.

Wieviel von der Zeit enthält der Simplicissimus?

Er hatte bemerkenswerte Redakteure, den jungen Jakob Wassermann, den jungen Thomas Mann, Frank Wedekind, Ludwig Thoma, Peter Scher, Dr. Owlglass, Hermann Sinsheimer, Franz Schoenberner. Er hatte bemerkenswerte Zeichner zu Mitarbeitern und Redakteuren, den Th. Th. Heine, den Olaf Gulbransson, den Marcel Frischmann, den Jules Pascin, den Eduard Thöny, den Wilhelm Thöny, den Wilhelm Schulz, den Ferdinand Freiherrn von Reznicek, den Rudolf Wilke, den Bruno Paul, den Karl Arnold. Karl Arnold, 1883 in Neustadt bei Coburg geboren, 1953 in München gestorben, war erst freier Mitarbeiter, ab 1917 Mitinhaber und später auch Redakteur des Simplicissimus.

Fritz Arnold erzählt, sein Vater sei im Grunde ein unpolitischer Mensch gewesen, ein Stadtmensch, von Geburt und Neigung ein Augenmensch und Augenzeuge, ein Meister der Physiognomie, der nur in Gesellschaft ging, um seine Typen und Figuren zu beobachten und aufzuzeichnen. Ihn interessierten vor allem Gesichter, und die dazugehörigen Körper, Menschen und ihr Benehmen, ihre Hände, ihr Gang, die Grundzüge ihrer Gesichter, das Fratzenhafte vieler Menschen, ihre Tracht, die sie häufig mehr ausgezogen als anziehend erscheinen läßt. Immer wieder sei er gefragt worden: „Ja sehen wir denn wirklich so aus, wie Sie uns zeichnen?“ „Ja“, habe er geantwortet, „und wenn manche wüßten, wie sie aussehen, würden sie sich nicht mehr auf die Straße trauen . . .“
Überall saß er mit Bleistift und Papier, sein Atelier stand sozusagen überall. Immer zeichnete er. In seinen zahlreichen Karikaturen des Hitler, durch die zehn Jahre von 1923 bis 1933, sei es ihm vor allem darum gegangen, die monumentale Einfalt dieses Führers der Deutschen festzuhalten, seine schier menschenähnliche Fratze zu fixieren. Es habe Hitlers Anhänger irritiert, daß er ihn nicht gefährlich, sondern lächerlich machte.
Die Karikaturen von Karl Arnold im Simplicissimus begleiten den ganzen Gang der Republik von Weimar, von Januar 1919 bis zum März 1933. Sie machen ein deutsches Lesebuch, schaffen eine Porträtgalerie aller ungeliebten Deutschen. Sie halten Gericht über die Republik von Weimar, verspotten und verurteilen sie mit dem Recht der Satire. Man sieht deutsche Gespenster, deutsche Greuel, deutsche Grotesken.
Was will man von einem Karikaturisten? Die Mißbildungen eines Volkes, ja der Menschheit, die er mit seinem Stift festhält, beweisen, daß er Besseres im Sinn hat, daß er an Ideale glaubt, daß er sein Volk reinigen, ja retten will.
In den zwanziger Jahren trifft man anfangs in Arnolds Zeichnungen noch historische Gespenster des Kaiserreichs, Wilhelm II., Bismarck. Man sieht Spartakus, der den Ast absägt, auf dem er sitzt, Pseudointellektuelle, die nur an sich glauben; den sozialistischen Spießer unter einem Baum, voll Gottvertrauen auf die Weltrevolution, am Rand eines Abgrunds. Man sieht den geldgierigen Edelkommunisten, mit seinem angepaßten Weibsbild. Man sieht den Hunger und das Laster auf der Straße, Stammtischfiguren neben Snobs, Milchschieber und Säuglingssärge, Neureiche, Dadaisten zwischen Säuglingen, Monarchisten zwischen Filmschauspielerinnen, das Romanische Café, Portokasse und Schreibmaschine beim Fünfuhrmokka, bei Jazzorchester und Shimmytanz, die Friedrichstraße in Berlin und St. Pauli in Hamburg, das Ende

des Expressionismus und die Beliebigkeit, die politische Wurstigkeit gewisser um jeden Preis moderner Künstler, Valutagewinnler und hungernde Kinder, Berliner Frühling und Innere Politik. Schon im Januar 1923 taucht die erste Hitlerversammlung auf, mit antisemitischen Sottisen, die freilich bald zu Mordgesängen und Schlachthausszenen führen. Karl Arnold macht sich über Jessners Faust-Inszenierung lustig. Den „Retter Stresemann“, der nach links wie nach rechts schaut, hat er verehrt. Er empört sich über Papiergeld, das wertlos wird, und über Brot, das zur Mangelware wird, lacht über Schwule und die Überfremdung der Tauentzienstraße in Berlin, zeigt den Münchner Spießer, der schon im Dezember 1923 statt der Augen Hakenkreuze im Gesicht hat. Er zeichnet die ewige Kanzlerkrise und Bilder aus Kaschemmen, mit Drogensüchtigen. Er karikiert die Lesbierin und Ausverkäufe im Warenhaus, Jackie Coogan und Fritz von Unruh, Pola Negri und Max Halbe, Hedwig Courths-Mahler und nackte Nutten, Corpsstudenten und andre Neanderthaler aus dem Jahre 1926, Premierengäste und Münchner Studenten, eingeklemmt zwischen Republik und Hitler. 1928 taucht Hitler wieder auf, in Karl Arnolds Karikaturen, und kehrt stets wieder. Auch Hitler hat Hakenkreuze, wo andre Menschen ihre Augen haben, er ist nichts als seine kurze Schnurrbartbürste und eine durchdringende geistige Leere mit Ohren und Parteimütze. Karl Arnold gibt genaue Porträts, die treffende Karikaturen werden, von Max Pallenberg, der seine Frau, die Massary, als Büste trägt, da erscheinen Max Reinhardt und die Piscatorbühne mit Pallenberg, Wegener und der Tilla Durieux. Neben Mussolini tritt 1928 der Sowjetvolkskommissar Tschitscherin in der Berliner Sowjetbotschaft auf, umringt von fatalen Berlinern. Man sieht Hindenburg, der für jede Partei sich zu ihrem blechernen Idol verwandelt, den Hollywood-Filmzaren Laemmle, der am Remarquefilm „Im Westen nichts Neues“ zum postumen Kriegsgewinnler wird. Arnold zeichnet den Uniformdeutschen, der in allen Parteien die gleiche Uniform trägt, die identische Maske des neudeutschen Militarismus.
Schon im Dezember 1929 sieht man den Hugenberg, wie er, von Hakenkreuzflammen verfolgt, vergeblich zu entrinnen sucht. Da wird der Karikaturist zum politischen Propheten.
Im November 1929 zeichnet er Seine Majestät Adolf I., daneben Briand und Chaplin, und die Mickymouse, und Hans Albers samt Kortner.
1931 zeigt er den Hitler auf Geschäftsreise, alle Fenster sind für ihn offen, alle Türen für den Chef auf Tour, und Papen schüttelt ihm die Hand, derselbe Papen, der bald im Sarg erscheint.
Im Februar 1932 zeichnet Karl Arnold den Hitler als Salome, mit Ha-

kenkreuzen statt Brustwarzen, auf dem Teller liegt statt des Kopfes des Jochanaan ein Judenkopf aus Streichers Stürmer, daneben steht ein Obelisk mit Hitlers Kopf und der Inschrift: Der bekannte Soldat. Daneben steht der Trommler Hitler als Automat, der nach Einwurf eines Groschens trommelt, aber Juden ist der Einwurf verboten.
Immer wieder zeichnet Arnold den Unterschied zwischen München und Berlin, und im Mai 1932 den Unterschied zwischen Friedrich II. und Hitler, jener sagt, in seinem Staat solle jeder nach seiner Fasson selig werden, Hitler sagt, in meinem Staat soll jeder nach meiner Fasson leben.
Arnold zeigt 1932 den neuen Bruderkrieg, den nur die Heilsarmee überleben würde. Man sieht Hitler als Barbarossa im Berg Kyffhäuser, wo Hitlers Schnurrbart durch den Marmortisch wächst. Und Hitler erscheint als Gartenzwerg vor dem Riesen der Katholischen Kirche, was leider nur ein Wunschtraum war.
Im November 1932 kommt Hitler als der Sieger, und im März 1933 Hindenburg als der Zauberer, der aus dem Zylinder die Kanzler wie Kaninchen holt. Ebenfalls Mitte März illustriert die letzte kritische Karikatur „Zur Verfassung des Deutschen Reiches“, wie diese vom Hakenkreuz abgelöst wird. Und danach die Finsternis. Schon ist den Deutschen das Lachen vergangen.
Wie viele treffliche Karikaturisten geht auch Karl Arnold darauf aus, mit sparsamsten Strichen, mit der Technik des Epigrammatikers, einen Menschen zu entblößen, durch die Rückführung auf eine oder zwei typische Eigenheiten. In der Hauptsache ist er ein Porträtist. Hier und da zeichnet er Bäume, Stadtansichten, Möbel, Hunde, Pferde, einen Vogel, es sind meist Requisiten.
Er ist ein Realist, der vom Jugendstil herkommt. Wenn er Nackte zeichnete, sind es ausgezogene, entkleidete Nackte, wie auf den Bildern des Lukas Cranach die deutschen Bürgersfrauen, auch wenn sie Venus darstellen. Arnold zeichnet den Triumph der deutschen Provinz.

Drunter, Drüber,
Mittenmang

Zu spät!

Der Kaiser in Doorn

Organisation

„Wir müssen einen Rat der Geistigen gründen – aber nur Qualität!“ –
„Wer käme da außer uns beiden in Betracht?“

Spartakus

„Wir wollen der Welt beweisen, daß auch das Volk das Recht hat, Dummheiten zu machen.“

Überall Kohlennot

„Sie können ruhig im Himmel Platz nehmen, Fräulein; das Sündenmaß ist heruntergesetzt worden, weil wir nicht genug Feuerungsmaterial haben.“

Gottvertrauen

„Halb sechs – sie muß kommen, die Weltrevolution!“

Der Edelkommunist

„Demnächst werde ich eine Broschüre schreiben: Die Vernichtung des Kapitalismus in vierundzwanzig Stunden. Frage ist, welcher Verlag die höchsten Honorare zahlt!“

Snob-Trot

„Herrlich, wie sie ihren Körper beherrscht! Die Not unsrer Zeit – alles liegt darin!“

Der Milchschieber

„Tja – große Gewinne erfordern kleine Opfer!“

Deutschland, Deutschland über alles!

1914: „Meine Herren, das ganze Volk steht hinter uns! Wir haben die Macht! Wir sind das Vaterland! Darum: Se. Majestät hurra, hurra, hurra!“

1920: „Die andern haben die Macht. Was geht uns das Vaterland der andern an? Sollen sie den Karren nur selber aus dem Dreck ziehen! Pröstchen!“

Armut, die große Mode

„Entwerfen Sie uns eine ganz bescheidene Hauseinrichtung, Herr Professor. So einfach wie möglich – es kann kosten, was es will.“

Ikarische Spiele
oder das neue Reichsministerium

„Nicht so stark applaudieren, sonst fallen sie um!"

Das Kind im Manne

„Tut mir leid, Milchsonderzuweisung erhalten nur Kinder bis zum dritten Lebensjahr." – „Bitte, ich bin Dadaist."

Der harmlose Zwischenhandel

„Habe keine Ahnung, wie so'n Wellblech aussieht – aber Geschäfte macht man damit, Junge, Junge!"

Der Valutastarke

„Erst einen Dollar verbraucht und schon mehr als satt.“

Entgötterte Welt

Amor ist tot. Es lebe das Schwein!

Arbeits-Tempo

„'n Tag, Willem." – „Keine Zeit – fünf Uhr AEG." – „Dito, fünf Uhr zehn L.M.K." – „Abends O.L.C.?" – „Bong, m. w."

Nepp

Acht gegen Einen.

Die Mappe

Inhalt: Diplomatische Berichte, Zahnbürsten, Geschäftsabschlüsse, Frühstücksbrote, Kontrakte, Nachthemden, Romane usw.

Café des Westens

Gehirn- und Bauchspießer

Die Friedrichstraße

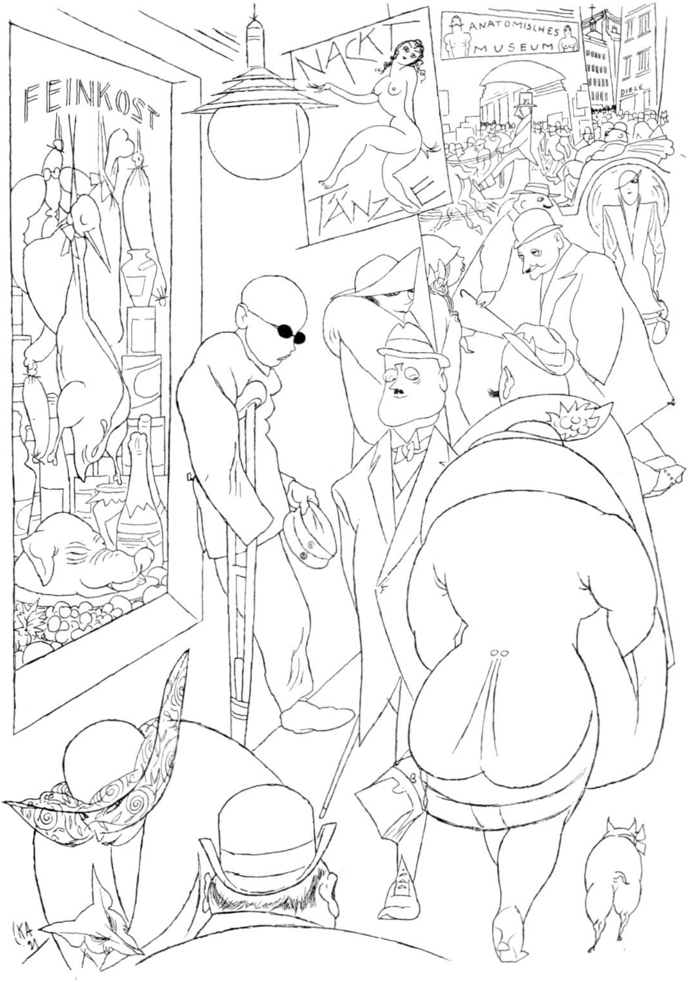

Jazz-Orchester und Shimmy-Tanz

Portokasse und Schreibmaschine beim Fünfuhr-Mokka

Im Kampf um die Kunst

„Ja, Herr Förster, jetzt ist der Expressionismus erledigt. Jetzt kemma mir wieder in Schwung."

Die Hitzewelle

„Der arme Vater! Er hat sich doch zu lange der Sonne ausgesetzt!“

Ein Lichtblick für dreißig Pfennige

„Es is jradezu 'ne Wohltat, mal in jeordnete Verhältnisse zu sehen!"

Die Koalitionsfrage gelöst

Gut, eine Monarchie. Aber auf kommunistischer Grundlage. Jeder Deutsche muß seine Krone bekommen.

Valutagewinnler aller Länder

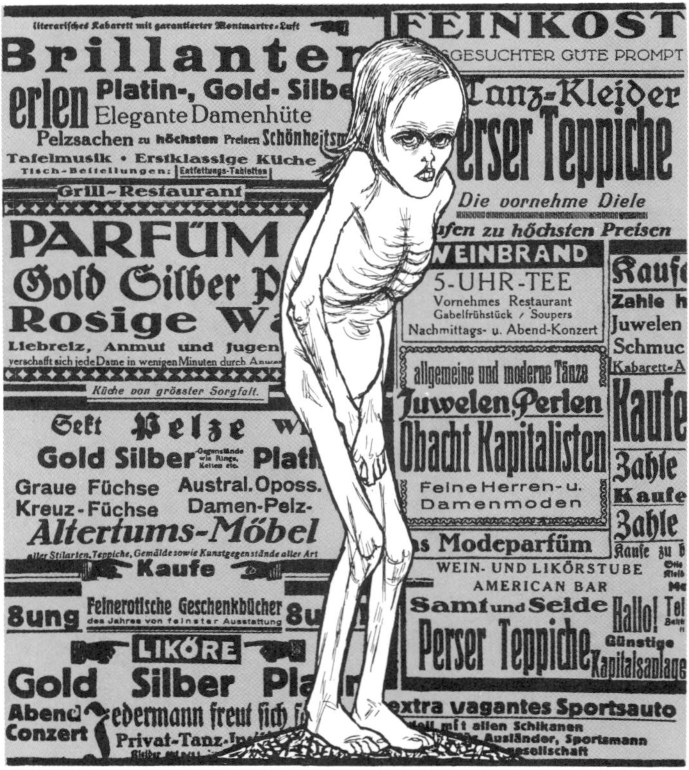

gedenkt der hungernden Kinder!

Flimmer-Diele

„Wat willste? Ick wär 'ne scharfe Konkurrenz für Henny Porten, wenn ick mehr Busen hätte!“

Nach Tisch

„Wahnsinnig, heute noch Walzer zu tanzen!" – „Picasso soll auch nicht mehr kubisch malen." – „Einstein hält fest an seiner Formel." – „Aber den Arbeitern sollte man helfen, Vorträge halten und so." – „Übrigens, waren Sie bei Rudolf Steiner?" – „Aber, Kinder, zu Dombrowski müßt Ihr gehen! Die neuen Sommermodelle: blendend!" – – –

Frühling

„Wenn der Bräutjam mit der Braut durch die Felder jeht . . .“

Kulturkopf 1922

Er. Sie. Der Herr Direktor. Der Herr Ober. Der Herr Kellner. Die Büfettdame. Das Büfettfräulein.

Wiederaufbau mit Kokain

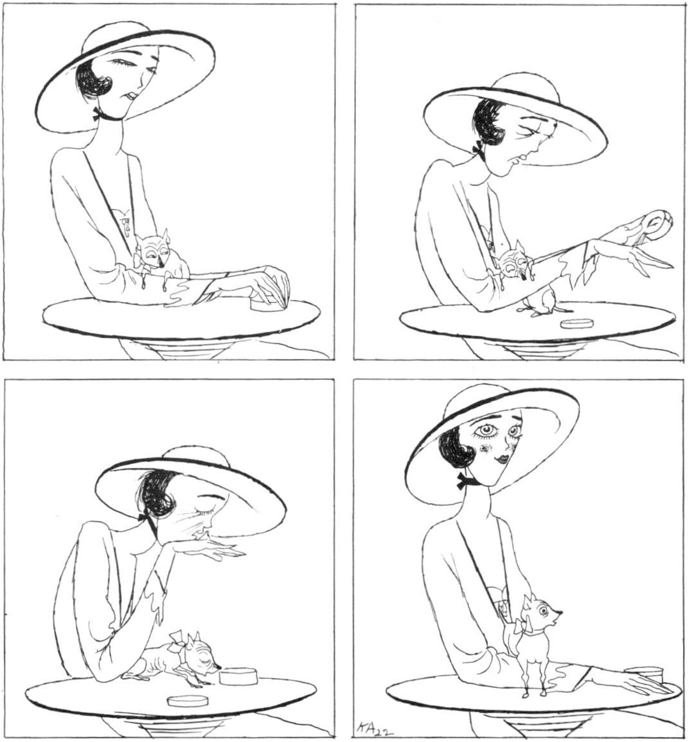

Strich

„Siehste, wär'n wir gestern mit – die Ludersch machen alle Dage 'n neien Preisaufschlag."

Innere Politik

„Solang die Juden am Rhein stehn, sag' i, gibt's koa Ruh' im Land!" – „Geh, hör auf, dös san do die Franzosen." – „Sooo – da geh amal in a Hitler-Versammlung, der sagt dir's nacha scho, wer die san!"

Jessners Faust macht Schule

– – „Und wenn du ganz in dem Gefühle selig bist,
Nenn' es dann, wie du willst" – – –

Retter Stresemann

„Er schaut nach rechts, er schaut nach links – er wird mich retten!“

Papiergeld? Papiergeld!

„Brot! Brot!“

Der Friedensvertrag

„Mir lassen se nich in die Schule, ick bin unterernährt.“

Schwul

„Ick jlaube, det Schwein is jar nich pervers.“

Freibad Wannsee

„Müllers Paula biste? Kinder, so vajeht die Zeit! Jetzt hat det Mädchen ooch schon Busen.“

Aus der neuen Gesellschaft

Tauentzienbummel

„Gestern traf ich zufällig einen Deutschen. Der bedauernswerte Mensch sucht schon seit drei Jahren nach einer Wohnung in Berlin.“

AUS DER DIELE
KA 23

Damenboxkampf

„Biste ooch Sportsmann, Dicker – oder Sadist?“

In letzter Stunde

„Meine Herren, ich möchte Sie dringend warnen, neue Hämorrhoiden anzusetzen. Der Beamtenabbau steht nahe bevor."

PARLAMENTARISCHES
KA 23
AUF DER TRIBÜNE
„DAS KINO HAT SICH ÜBERLEBT, HIER IST ES INTERESSANTER"
EIN ABGEORDNETER AM SCHLUSS SEINER DREISTÜNDIGEN REDE:
„...ABER NICHT OFT GENUG KANN MAN DER REGIERUNG ZU=RUFEN: NICHT WORTE WILL DAS VOLK SONDERN TATEN!"
RRRAUS!
LUMP
SCHIEBER
RUH — HÄ!!!
ZUR ORDNUNG!
UNRUHE LINKS
GELÄCHTER RECHTS
„BITTE DIE HERREN ABGEORDNETEN ZUR ABSTIMMUNG!"
„ES MACHT JA DIRECKT N'SCHLECHTEN EINDRUCK IN MEIN' WAHLKREIS, SO OFT REGIERUNGSWECHSEL UN' ICH BEKOMM' NIE N'POSTEN".

Die ewige Kanzlerkrise

„Denk' ich an Deutschland in der Nacht,
dann bin ich um den Schlaf gebracht . . ."

Der Münchner

Mei' Ruah möcht' i hamm und a Revolution,
A Ordnung muaß sei' und a Judenpogrom,
A Diktator g'hört hera und glei' davo' g'haut:
Mir zoagen's enk scho', wia ma Deutschland aufbaut!

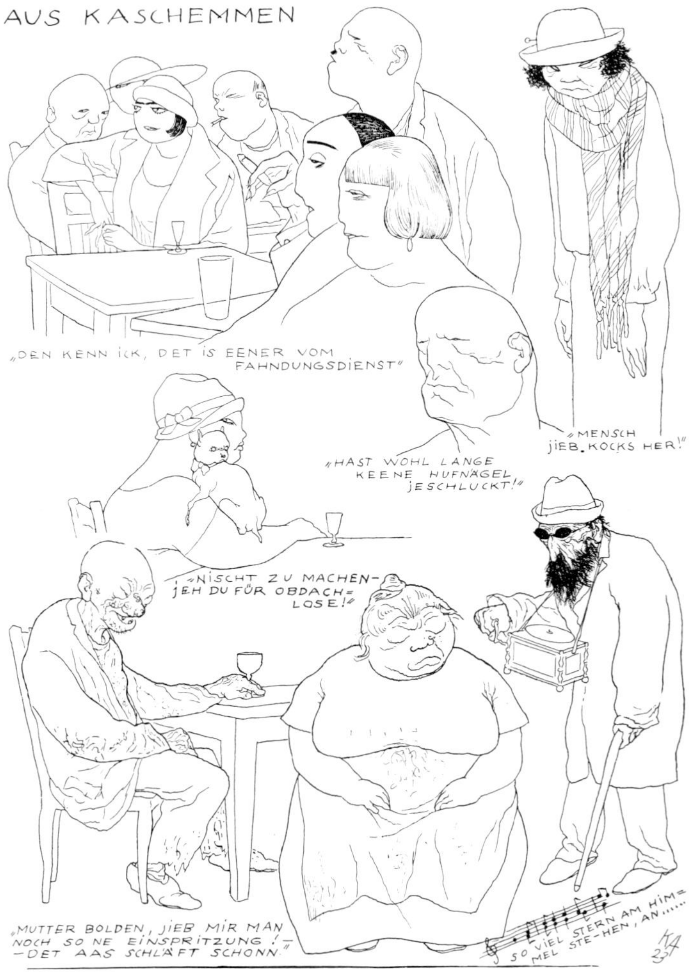
AUS KASCHEMMEN
„DEN KENN ICK, DET IS EENER VOM FAHNDUNGSDIENST"
„MENSCH JIEB. KOCKS HER!"
„HAST WOHL LANGE KEENE HUFNÄGEL JESCHLUCKT!"
„NISCHT ZU MACHEN–JEH DU FÜR OBDACH=LOSE!"
„MUTTER BOLDEN, JIEB MIR MAN NOCH SO NE EINSPRITZUNG!– –DET AAS SCHLÄFT SCHONN."
SO VIEL STERN AM HIM=MEL STE-HEN, AN......
KA 23

Bayrischer Königstraum

Es lächelt der See, der ladet zum Bade,
Der Knabe schlief ein am grünen Gestade – – –

STABILISIERUNG DER SEELE
DER ÄLTESTE SOHN HULDIGT DEM MAZDAZNAN
DER JÜNGSTE SOHN HULDIGT DER EDEL= EROTIK
DIE TOCHTER GEHT ZU RUDOLPH STEINER
DIE GROSSMUTTER TANZT BEI DALCROZE
DIE MUTTER HÖRT BEI KAYSERLING
KA 24
DER VATER GLAUBT NACH WIE VOR AN DEN LIEBEN GOTT UND TRINKT JEDEN ABEND SEINE SIEBEN MASS BIER

Jackie Coogan in Berlin

„Ihr Unternehmen ist in Zahlungsschwierigkeiten, Herr Präsident? Könnte man sich unter günstigen Bedingungen an der Sanierung beteiligen?“

Die Spitzenkandidaten der Parteien

Teuto Mayer –
National Soz.
Freiheitspartei

Ulrich Raab v.
Rabenkohl –
Deutsch-National

Georg Weinhardt –
Deutsche Volkspartei

Korbinian Multerer –
Bayrische Volkspartei

Hochw.
Karl Borromäus –
Zentrum

Erwin Frühauf –
Deutsch-Demokrat.
Partei

August Zünfle –
Sozialdemokratische
Partei

Gretchen Urwanzow –
Kommunistische
Partei

Kaspar Hauser –
parteilos

Die Revue

„Det is wirkliche Bühnenkunst – da is Text und Musike Nebensache."

Lotte am Scheidewege

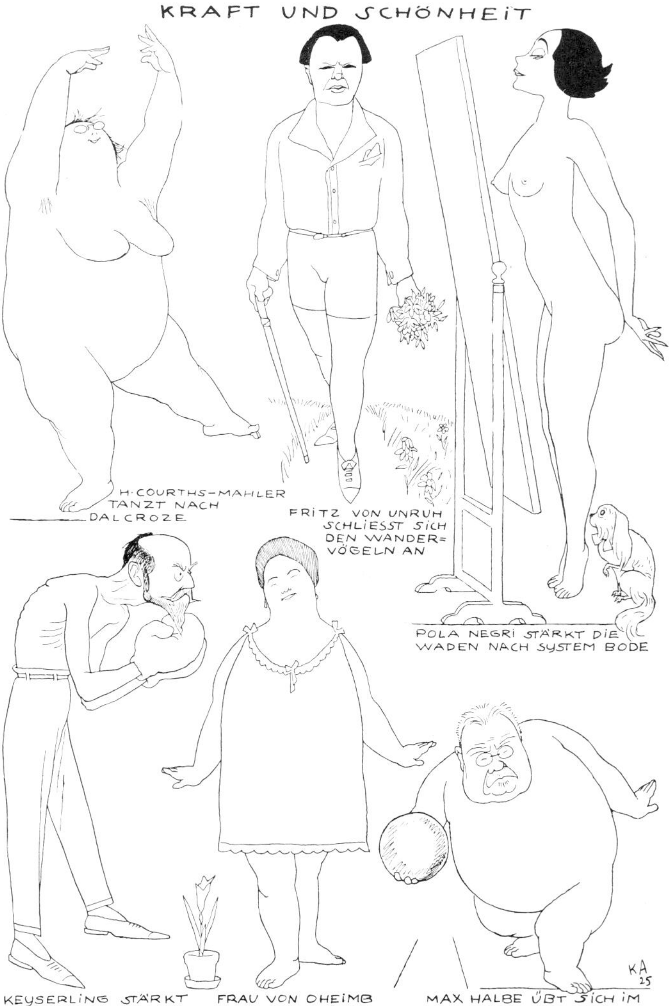
KRAFT UND SCHÖNHEIT
H·COURTHS-MAHLER TANZT NACH DALCROZE
FRITZ VON UNRUH SCHLIESST SICH DEN WANDER= VÖGELN AN
POLA NEGRI STÄRKT DIE WADEN NACH SYSTEM BODE
KEYSERLING STÄRKT SICH IM KAMPF UM EINE NEUE WELTANSCHAUUNG
FRAU VON OHEIMB TRAINIERT GEISTIGE GRAZIE
MAX HALBE ÜBT SICH IM OLYMPISCHEN KEGELSPIEL
KA 25

M.d.R.

„Gehn wir ins Kino – heut' werden im Plenum sowieso nur Kulturfragen erledigt!"

Hunger

„Da reden sie von Lebensmittelverbilligung – und uns verteuern sie das Kokain.“

Intimes von Stresemanns

„Also denk dir, Schatz, die Suppenterrine ist Briand . . . die Bierflasche ist Chamberlain . . . Ich wandte mich zu Briand und sagte: ‚Tres bien . . .' das heißt: sehr gut . . . !"

Knorkissimo

„So'n Fabrikonkel hat leicht umstell'n . . . aber komm' Se mal von der Kriegslyrik über Revolutionsmoden zur perversen Neo-Askese!“

Kitschdämmerung

„Sie kommen jetzt nur noch als Leiche beim Lustmord in Frage, Verehrteste. Das Publikum liebt den melancholischen Augenaufschlag nicht mehr.“

Genug der Revolutionen!

Zurück zum Bürgertum!

Staatsrecht

„Hat der Beamte seinen Eid auf die gegenwärtige Verfassung abgelegt, so ist er Gehalts- und Pensionsempfänger der Republik, fühlt sich aber selbstverständlich dem Vaterland mehr verpflichtet als der Staatsform und ist also Diener der Monarchie."

Die Großstadt

„Quatsch nich! Deine Mutta is ja viel zu dick – die kann nich als Nutte jehn."

Berliner Bilder
Frische Wiener
„Nee, Ehrringe nehm' ick prinzipiell nich als Pfand, det jeht mir auf's Jemüt."
„Ick sagte gleich, Mama sagte ick, laß dir n' Smoking baun, hinterher klaut man sich im Sportanzug."
„'N prima Jeschäft, aber mit einem Bein steht er im Geldschrank un mit dem andern im Jefängnis."
„Der?"
„Ja!"
„Nehm' Se sich noch ne frische Habana, Meister Zille, Se ham uns mit Ihren Bildern un armen Leuten imma so ville Freude jemacht."
„Zur Revue? – nee, ick denke nich dran, mein Bein bleibt Privatgeschäft."
KA 26

Der Neandertaler auf der Gesolei

„Siehste, Lydia, so hammer angefang'. Da war der Mensch noch keen Äbenbild Goddes."

St. Pauli

„Hallo, voici l'amour, my darling, komm' büschen rann!"

Premiere

„Wozu ein Theaterzettel! Die Schauspieler kennt man, und der Dichter ist Nebensache.“

Berliner Weekend in Westerland

„'ne russische Großfürstin??" – „Ja, sie sagt, sie sei von den Bolschewiken ermordet worden, habe aber ihr Kapital glücklicherweise gerettet."

Das Experiment

„Probier's erst mal mit der Großmutter, bevor wir's Gustävle neinsetzen!"

Das Weltbad

„Erschreckend viel Kleinbürger sieht man jetzt. Wenn das so weitergeht, fühlen sich auch noch die Arbeiter erholungsbedürftig!“

„'n guter Logenplatz und die Revolution auf der Bühne, da sag' ick bloß: vive la république!"

Pallenberg – Massary

„Fritzi, ich sage dir, du wirst mit jedem Tage jünger und immer jünger.“

Wintersport in Berlin

„Jeden zweiten Tag Eröffnung einer neuen Tanzbar – det wird wieder 'n schwüler Winter."

Die Piscatorbühne

Der neue Gott aus der Maschine
(und ob sein Priester auch Piscator heißt)
peitscht mit dem Donnerwort: ‚Verdiene!‘
den revolutionären Geist.

Der Pallenberg muß grimmig schwe-j-ken
und Wegener rasputinern gehn.
Die Zarin Durieux tritt uns auch entgegen . . .
Hands up! Man muß das nur verstehn.

Die Tragödie der Kinder –

– eine Premiere der Erwachsenen

Reinhardt von Amerika zurück

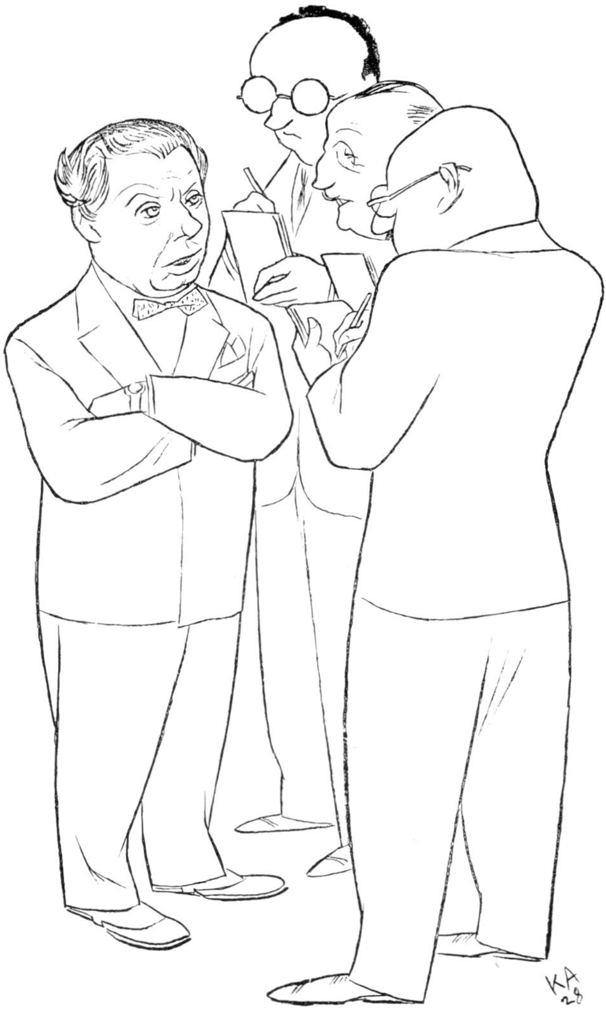

„Denken Sie sich drüben alles in größeren Ausmaßen, meine Herren, sozusagen monumental – auch das Defizit."

Abendempfang

„Die Deutsche Bank is ooch prominent vertreten.“ – „Na, dann hebt ja das kalte Büfett wieder den Kredit.“

Berliner Ausstellung „Die Ernährung“

Wie lebt Er, Sie, Es?!

Empfang der Berliner Sowjet-Botschaft

„Tja, Herr Volkskommissar, Kapitalismus is mir ooch piepe, wenn militärische Macht garantiert wird!"

Hindenburg im Auftrag der Parteien
Für Deutschnationale-Partei von Hofmaler Arthur Fischer
Für ein Gewerkschaftshaus von einem Genossen der neuen Sachlichkeit
Für Zentrum von Prof. Ledermann
Für gesellige Vereinigungen von Atelier Werkkunst
KA 29

Gleiches Recht für alle!

Auch der Geselligkeitsverein Lotos wählt dieses Jahr seine Schönheitskönigin.

Konjunktur

Kunstmaler Alois Sterzinger erkennt die Not der Zeit und malt für Kriegsgewinnler Kriegsbilder.

Kunstmaler Alois Sterzinger versteht die Zeichen der Zeit und malt für Revolutionsgewinnler Revolutionsbilder.

Kunstmaler Alois Sterzinger fühlt die Bedürfnisse der Zeit und malt für Inflationsgewinnler erotische Bilder.

Kunstmaler Alois Sterzinger vernimmt den Ruf der Zeit und widmet sich der religiösen Malerei.

Mr. Laemmle filmt „Im Westen nichts Neues“

„Die Staatsmänner täuschen sich alle – es stimmt nicht, daß der Krieg ein schlechtes Geschäft war.“

Berliner Skandalsaison

„Generaldirektor Türmler hat abjesagt – is leider verhindert.“ – „Ah … mit wieviel?“

S. M. Adolf I.

Ich weiß, daß man Menschen weniger durch das geschriebene Wort als vielmehr durch das gesprochene zu gewinnen vermag, daß jede große Bewegung auf dieser Erde ihr Wachsen den großen Rednern und nicht den großen Schreibern verdankt.

Adolf Hitler in „Mein Kampf"

Und so sitzt der Nachfolger Scherls im Schatten des Nachfolgers Wilhelms II.

Albers und Kortner, die Rivalen

„Hals- und Beinbruch hat er mir gewünscht – ich glaube, diesmal war's ehrlich gemeint!"

SOS. Deutschnational!

„Man spielt nicht ungestraft mit dem Parteifeuer!“

Der Reichskanzler und die Parteien – ein Paris-Urteil

„Am liebsten würde ich ja den Reichsapfel nach § 48 selber essen!“

Die Testamentsvollstrecker

„Es gibt zwanzig Millionen Deutsche zuviel!“ (Clémenceau)

Literatur am Hakenkreuz-Stammtisch

„Der Oswald Spengler ist sicher auch ein Jude – bei der Sympathie fürs Morgenland.“ – „Heinrich Heine kommt als Fremdstämmiger nicht in meinen Bücherschrank!“ – „Leid täte es mir um Goethe, er wird neuerdings stark angezweifelt und ist immerhin in Frankfurt geboren –.“

Micky-Maus

„Unerhört, dieses Biest stellt unser aller Prominenz in den Schatten!“

Hallo, Charlie Chaplin!

Wenn Sie sich in Deutschland richtig umsehen, finden Sie überall Darsteller Ihrer Rollen – in Wirklichkeit, ohne Inszenierung.

Abgebaut

Beim Stempeln

Hunger

Obdachlos

Im politischen Kampf

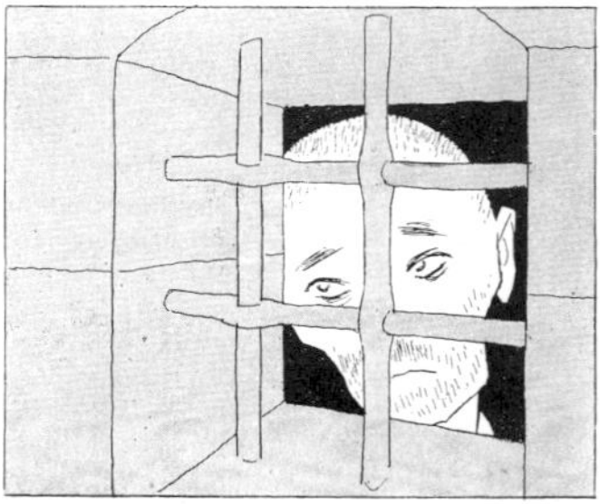

Warum?

Das Uniformverbot

„Mensch, je doch bei's Hoteljewerbe – biste ooch immer schniecke, un die Jrünen können dir nischt machen!“

Prominente

In Berlin: „Det is Felsche vom Sama-Konzern. Der Mann hat sechsundzwanzig Aufsichtsratsposten abjejeben und hat immer noch minnimum zweihundert Mille pro anno!"

In München: „Jessas, da kommt ja inser Professor Sterzinger dös Viech!"

Die ideale Lösung: ein Kollektiv-Präsident

Zum Repräsentieren den Wilhelm-Ersatz Hugenberg, zum Präsentieren den stählernen Düsterberg und zum Musizieren den mechanischen Lautsprecher und Trommler Hitler.

Höhere Mächte

(Nach dem Holzschnitt „Die drei Parzen“ von Hans Baldung Grien)

Ein Haßwort der Partei,
Dies formuliert der Diplomat,
Den Schlußpunkt setzet der Soldat,
Der Untertan sitzt still dabei.

Heil Preußen!

„In Meinem Staate kann jeder nur nach Meiner Façon selig werden!“

Krieg der Uniformdeutschen

Wenn das so weitergeht, bleibt uns am Ende nur noch die Heilsarmee.

Laßt uns Denkmäler bauen!

Versprochene Wünsche

„Nur Zeit lassen – im Dritten Reich sitzen wir alle am Schreibtisch, und der Dicke muß warten!“

Adolf Barbarossa

Und da die bösen Raben
Noch fliegen immerdar,
So muß er weitertrommeln
Und zaubern viele Jahr.

Reichsreformatoren

Neues preußisches Wappen für Großdeutschland

„Geduld! Eines Tages bringen wir das unvermeidliche Volk doch unter die Krone!"

Sein Marsch nach Rom

„Ja, wer kommt denn da?“

Papens Vermächtnis

„Personenfragen spielen selbstverständlich keine Rolle – für alle Fälle hinterlasse ich Ihnen die Mitgliedsliste des Herrenklubs."

Durchhalten!

„Regierungstruppen neu formiert, russische Regimenter verstärkt im Anmarsch, unsere Armee zwei Millionen Verluste." – „Der Starke ist am mächtigsten allein, lieber Stabschef. Darum: alle Macht dem Führer!"

Der Chef auf Tour

„Karte genügt, komme sofort!“

Deutsche Zauberwerke A. G.

Kein Grund zum Verzagen, solange noch Kanzler am laufenden Band produziert werden!

Antreten zum letzten freien und gleichen Bürgerrecht!

Die neueste Reichstagswahl findet gleich nach Aschermittwoch statt, jedoch ist ein kleines Maskenzeichen sehr erwünscht.

Zur Verfassung des Deutschen Reiches

„Das Deutsche Reich ist eine Republik. Die Staatsgewalt geht vom Volke aus. Die Reichsfarben sind Schwarz-Rot-Gold."

Erscheinungsdaten und Anmerkungen

T: Titelblatt; BB: Aus der Simplicissimus-Folge „Berliner Bilder“ (in der Buchausgabe „Berliner Bilder“ ohne Numerierung)

Seite

21 24. Jahrg., Nr. 32; 4. November 1919 T

22 23. Jahrg., Nr. 37; 10. Dezember 1918

23 23. Jahrg., Nr. 38; 17. Dezember 1918 T

24 24. Jahrg., Nr. 28; 7. Oktober 1919 T

25 24. Jahrg., Nr. 15; 8. Juli 1919

26 24. Jahrg., Nr. 31; 28. Oktober 1919

27 24. Jahrg., Nr. 46; 11. Februar 1920

28 25. Jahrg., Nr. 7; 12. Mai 1920

29 24. Jahrg., Nr. 47; 18. Februar 1920

30 25. Jahrg., Nr. 13; 23. Juni 1920

31 25. Jahrg., Nr. 15; 7. Juli 1920 T
Das vierte Kabinett unter Reichskanzler Konstantin Fehrenbach (Zentrum). Links: Reichspräsident Ebert

32 25. Jahrg., Nr. 22; 25. August 1920

33 25. Jahrg., Nr. 16; 14. Juli 1920
Mit diesem Text in den „Berliner Bildern“. Ursprünglich: Kehraus. „Die Kriegsgesellschaft wird aufgehoben, höchste Zeit, die Klubsessel zu verschieben.“

34 25. Jahrg., Nr. 52; 23. März 1921
Mit diesem Text in den „Berliner Bildern“. Ursprünglich: Die Mastdrohne. „Man soll nie mehr essen, als man mit aller Gewalt hineinkriegen kann.“

35 26. Jahrg., Nr. 1; 1. April 1921 T

36 26. Jahrg., Nr. 2; 6. April 1921
Mit diesem Titel in den „Berliner Bildern“. Ursprünglich: Arbeits-Tempo.

37 26. Jahrg., Nr. 8; 18. Mai 1921 BB I

38 26. Jahrg., Nr. 10; 1. Juni 1921 BB III

39 26. Jahrg., Nr. 9; 25. Mai 1921 BB II
In den „Berliner Bildern“ mit dem Titel „Romanisches Café“.

40 26. Jahrg., Nr. 13; 22. Juni 1921 BB V

41 26. Jahrg., Nr. 11; 8. Juni 1921 BB IV

42 26. Jahrg., Nr. 24; 7. September 1921

43 26. Jahrg., Nr. 21; 17. August 1921

44 26. Jahrg., Nr. 28; 5. Oktober 1921 BB IX
45 26. Jahrg., Nr. 31; 26. Oktober 1921 T
46 26. Jahrg., Nr. 37; 7. Dezember 1921 T
47 27. Jahrg., Nr. 5; 3. Mai 1922 BB XII
Henny Porten: Berühmter Star des Stummfilms
48 27. Jahrg., Nr. 4; 26. April 1922 BB XI
„Wenn der Bräutjam mit der Braut. . .“ Couplet aus der Operette „Der Juxbaron“ von Walter Kollo (Text von F. W. Hardt), gesungen von Claire Waldoff 1906 bei der Eröffnung des Kabaretts „Roland von Berlin“.
49 27. Jahrg., Nr. 6; 10. Mai 1922 BB XIII
50 27. Jahrg., Nr. 9; 31. Mai 1922 BB XV
51 27. Jahrg., Nr. 13; 28. Juni 1922 BB XVI
52 27. Jahrg., Nr. 24; 13. September 1922 BB XVIII
53 27. Jahrg., Nr. 40; 3. Januar 1923
54 28. Jahrg., Nr. 6; 7. Mai 1923
Leopold Jessner, Intendant des Staatlichen Schauspielhauses Berlin, hatte den „Faust“ im Frack inszeniert.
55 28. Jahrg., Nr. 7; 14. Mai 1923
Am 13. August war das erste Kabinett Stresemann (Deutsche Volkspartei) gebildet worden (Große Koalition). Stresemann war Reichskanzler und Außenminister.
56 28. Jahrg., Nr. 11; 11. Juni 1923
Höhepunkt der Inflation: 1 Dollar = 4,2 Billionen Mark
57 28. Jahrg., Nr. 15; 9. Juli 1923 BB XX
58 28. Jahrg., Nr. 18; 30. Juli 1923 BB XXI
59 28. Jahrg., Nr. 19; 6. August 1923 BB XXII
60 28. Jahrg., Nr. 21; 20. August 1923
61 28. Jahrg., Nr. 20; 13. August 1923 BB XXIII
62 28. Jahrg., Nr. 23; 3. September 1923
63 28. Jahrg., Nr. 21; 20. August 1923 BB XXIV
64 28. Jahrg., Nr. 34; 19. November 1923
65 28. Jahrg., Nr. 32; 5. November 1923
66 28. Jahrg., Nr. 38; 17. Dezember 1923
(Reichspräsident Ebert im Bett)
Separatistische Unruhen im Rheinland und in der Pfalz, Reichsexekution gegen die sozialdemokratisch-kommunistische Regierung in Sachsen. Kommunistische Unruhen in Hamburg. Reichspräsident Ebert überträgt dem Chef der Heeresleitung General von Seeckt die vollziehende Gewalt.

67 28. Jahrg., Nr. 36; 3. Dezember 1923 T
8./9. Nov. Hitlerputsch in München
68 29. Jahrg., Nr. 5; 28. April 1924 BB XXVI
69 29. Jahrg., Nr. 16; 14. Juli 1924 T
70 29. Jahrg., Nr. 30; 20. Oktober 1924
71 29. Jahrg., Nr. 29; 13. Oktober 1924 T
Jackie Coogan, der erste Kinderstar des amerikanischen Films, reiste mit großem Aufwand durch Europa.
72 29. Jahrg., Nr. 36; 29. November 1924
73 29. Jahrg., Nr. 37; 8. Dezember 1924
74 30. Jahrg., Nr. 5; 4. Mai 1925
75 30. Jahrg., Nr. 5; 4. Mai 1925
76 30. Jahrg., Nr. 14; 6. Juli 1925
M.d.R.: Mitglied des Reichstags
77 30. Jahrg., Nr. 28; 12. Oktober 1925
78 30. Jahrg., Nr. 32; 9. November 1925
79 30. Jahrg., Nr. 34; 23. November 1925
80 31. Jahrg., Nr. 10; 7. Juni 1926
81 30. Jahrg., Nr. 31; 2. November 1925 T
82 31. Jahrg., Nr. 29; 18. Oktober 1926
83 30. Jahrg., Nr. 41; 11. Januar 1926
84 31. Jahrg., Nr. 30; 25. Oktober 1926
Heinrich Zille: Mitmenschen!
Ja – ich erinnere mich; als ich zum erstenmal, auf Drängen meiner Freunde, in der ersten Schwarz-Weiß-Ausstellung der Secession, so um 1904 herum, in der Kantstraße neben dem Theater des Westens, meine Zeichnungen hingegeben hatte – Zeichnungen, die viel besser, wahrer waren als die, die ich später zum Broterwerb geleckter, frisierter bringen mußte, die das herbe Leben der Armen zeigten – da standen vor den Bildern viele Menschen; und ich hörte, als ich mal lauschte, wie ein älterer Herr, wie es schien, Militär in Zivil oder Hauptmann an der Majorecke, zu seiner Dame sagte: „Der Kerl nimmt einem ja die ganze Lebensfreude“ – da schämte ich mich, so verstanden zu sein!
Ja, und wie es mir passierte, daß ein reicher Kunstjünger, der „Armut“ malen wollte und sich dachte, wenn er meine Modelle, die vom Wedding hätte – daß er sich dann in das „Milljöh“ könnte hineinarbeiten, oder daß ihm die Sache dann besser liege – der aber auszusetzen hatte, der Mutter der Kinder gegenüber: „Det se doch so wenig sauber und so sehr dreckich wär'n“ (daß doch

die Kleinen so wenig sauber und so sehr dreckig wären), und daß die Mutter ihm entrüstet erwiderte: „Ja – und for Zillen ken'n se jarnich dreckig jenuch sind –."
Da hab' ich mich, als ich das später erfuhr, doch etwas geschämt. – Und als mein lieber Freund Karl Arnold, der Zeichner, im „Simplicissimus" ein Bild brachte, das mich zeigt, wie ich vor zwei „wohlhabenden" Männern „untertänigst" stehe und der wohlhabendste mich mit den Worten anspricht: „Nehm' Se sich noch ne frische Habana, Meister Zille, Sie ham uns mit Ihren Nutten un arme Leute imma so ville Freude jemacht!"
. . . da schämte ich mich, daß das so wahr war.
(Berliner Tageblatt vom 11. 3. 1928)

85 31. Jahrg., Nr. 14; 5. Juli 1926
Gesolei = „Große Ausstellung Gesundheitspflege, Sozialfürsorge und Leibesübungen" von Mai bis Oktober 1926 in der damals neu erbauten Rheinhalle in Düsseldorf. Wurde am 8. 5. 1926 in Anwesenheit des Reichskanzlers Luther eröffnet.

86 31. Jahrg., Nr. 32; 8. November 1926
87 31. Jahrg., Nr. 49; 7. März 1927
88 32. Jahrg., Nr. 7; 16. Mai 1927
89 32. Jahrg., Nr. 4; 25. April 1927
90 32. Jahrg., Nr. 17; 25. Juli 1927
91 32. Jahrg., Nr. 27; 3. Oktober 1927 T
Mit der Uraufführung des Dramas „Hoppla, wir leben!" von Ernst Toller war am 3. 9. 1927 die Piscator-Bühne am Nollendorfplatz eröffnet worden.

92 32. Jahrg., Nr. 38; 19. Dezember 1927
Aus der Folge „Lieblinge der Saison"
„Ich nenne die Serie ‚Lieblinge' und bringe alle Kitschgrößen, denn *wirkliche* Größen, wie sie Olaf Gulbransson unter „Zeitgenossen' gezeichnet hat, gibt es nimmer – es ist alles Schwindel und Reklame. Ich zeichne nicht nur Porträt, sondern ich zeichne die Leute in ihrer Verlogenheit: – ‚So seht ihr aus!' "
(KA an seine Frau, Berlin 1. 9. 1927)
Der Schauspieler Max Pallenberg war mit der Soubrette Fritzi Massary verheiratet (sie war damals 45 Jahre alt).

93 32. Jahrg., Nr. 36; 5. Dezember 1927
94 32. Jahrg., Nr. 43; 23. Januar 1928
95 32. Jahrg., Nr. 48; 27. Februar 1928

96 33. Jahrg., Nr. 1; 2. April 1928
Aus der Folge „Lieblinge der Saison"
97 32. Jahrg., Nr. 50; 12. März 1928
98 33. Jahrg., Nr. 8; 21. Mai 1928
99 33. Jahrg., Nr. 34; 19. November 1928
Im Vordergrund links mit Spitzbart: der sowjetische Volkskommissar Tschitscherin.
„Letzthin habe ich den originellsten Abend erlebt – am 7. November, bei der Botschaft der Sowjet-Republik. Das schöne Gebäude Unter den Linden war mit allen Größen und Wichtigtuern angefüllt. Hohe Militärs mit vielen Orden neben Sowjet-Leuten im einfachen Straßenanzug. Gesellschaftsdamen mit reichem Schmuck neben der einfachen Käthe Kollwitz. Stresemann sah ich auch mal genau in der Nähe und allerlei andere aktuelle Köpfe. Ich habe seither, aus der Erinnerung, lauter Skizzen von diesem Abend gemacht und so gesehen, daß ich in die Gesellschaftskarikatur komme – es ist ein anderes Milieu – aber ein besonders angreifbares – dummes – aufgeblasenes."
(KA an seine Frau, Berlin 10. 11. 1928)
100 33. Jahrg., Nr. 45; 4. Februar 1929
101 33. Jahrg., Nr. 41; 7. Januar 1929
102 34. Jahrg., Nr. 15; 8. Juli 1929
103 34. Jahrg., Nr. 23; 2. September 1929
104 34. Jahrg., Nr. 33; 11. November 1929
105 34. Jahrg., Nr. 35; 25. November 1929 T
106 34. Jahrg., Nr. 44; 27. Januar 1930
107 34. Jahrg., Nr. 40; 30. Dezember 1929
Hugenberg, Seldte und Class hatten einen Ausschuß gegen den Young-Plan gegründet, Hitler als „Trommler" zum Mitarbeiter gewonnen und ihm damit zum entscheidenden Durchbruch verholfen.
108 35. Jahrg., Nr. 31; 27. Oktober 1930
30. 3.: Erstes Kabinett Brüning (Zentrum). Brüning beginnt mit Notverordnungen (nach § 48 der Verfassung) zu regieren. Gesetze werden nicht durch Parlamentsmehrheit, sondern durch den Reichspräsidenten (v. Hindenburg) in Kraft gesetzt.
109 35. Jahrg., Nr. 16; 14. Juli 1930
110 35. Jahrg., Nr. 35; 24. November 1930
111 35. Jahrg., Nr. 44; 26. Januar 1931
Von links nach rechts: Marlene Dietrich, Emil Jannings, Otto

Gebühr (als Alter Fritz), Charlie Chaplin, Harold Lloyd, Adolph Menjou.

112 35. Jahrg., Nr. 53; 30. März 1931

113 36. Jahrg., Nr. 18; 3. August 1931
Reichskanzler Brüning hatte ein generelles Uniformverbot erlassen.

114 36. Jahrg., Nr. 45; 8. Februar 1932

115 36. Jahrg., Nr. 50; 13. März 1932 T
Theodor Düsterberg: zweiter Bundesführer des „Stahlhelm".

116 37. Jahrg., Nr. 11; 12. Juni 1932
Am 1. Juni war das rechtsgerichtete, überparteiliche Präsidialkabinett von Papen (Mitglied des „Herrenclubs") gebildet worden.

117 37. Jahrg., Nr. 7; 15. Mai 1932 T

118 37. Jahrg., Nr. 15; 10. Juli 1932
Das Kabinett von Papen hatte das SA- und SS-Verbot wieder aufgehoben.

119 37. Jahrg., Nr. 9; 29. Mai 1932

120 37. Jahrg., Nr. 23; 4. September 1932

121 37. Jahrg., Nr. 21; 21. August 1932
Postkarte von Thomas Mann: Nidden, den 21. VIII. 32 – Begeistert von der genialen Komik des Kyffhäuserbildes im letzten „Simplicissimus" senden wir Ihnen herzlichen Gruß und Glückwunsch. Das Blatt müßte massenweise unter die Leute gebracht werden. In Verehrung Thomas Mann. Weiter nichts zu sagen! Herrlich! Hans Reisiger.

122 37. Jahrg., Nr. 34; 20. November 1932 T
Links: von Schleicher, rechts: von Papen. 3. 12.: Bildung des Präsidialkabinetts von Schleicher (Mitglied des „Herrenclubs").

123 37. Jahrg., Nr. 26; 25. September 1932
Karl Arnold einigt die Parteien.
Einen schönen Beweis politischer Übereinstimmung von links bis ziemlich weit rechts lieferten in diesem Wahlkampf drei verschiedene politische Parteien, die alle fast gleichzeitig sich an die Redaktion des „Simplicissimus" wandten mit der Bitte, eine in der Nr. 26 des „Simplicissimus" erschienene Zeichnung von Karl Arnold zur Wahlpropaganda als Plakat oder Flugblatt benutzen zu dürfen. Das vielbelachte Blatt unter der Überschrift „Sein Marsch nach Rom" zeigte einen riesigen Zentrumspfarrer, der den kleinen heranmarschierenden Hitler mit den klassischen Worten: „Ja? wer kommt denn da?" begrüßt. Herr Karl Arnold

glaubt in Übereinstimmung mit der Redaktion des „Simplicissimus“ eine Verwendung seiner Arbeit als Mittel der Parteipropaganda in allen Fällen ablehnen zu müssen, da die bei diesem Anlaß deutlich erwiesene Überparteilichkeit und Unabhängigkeit des „Simplicissimus“ es doch nicht gestattet, sich mit einzelnen Parteien, selbst in Fällen politischer Übereinstimmung, zu identifizieren.
(Münchner Telegramm-Zeitung vom 25. 10. 1932)

124 37. Jahrg., Nr. 36; 4. Dezember 1932
von Papen war am 3. Dezember von von Schleicher als Reichskanzler abgelöst worden.

125 37. Jahrg., Nr. 35; 27. November 1932
Bei der Wahl zum 7. Reichstag am 6. November hatte die NSDAP zwei Millionen Stimmen verloren. (Gewinne der Kommunisten und Deutschnationalen.)

126 37. Jahrg., Nr. 44; 29. Januar 1933

127 37. Jahrg., Nr. 46; 12. Februar 1933
Von unten nach oben: Heinrich Brüning (Reichskanzler 9. 10. 1931–30. 5. 1932), Franz von Papen (Reichskanzler 1. 6. bis 17. 11. 1932), Kurt von Schleicher (Reichskanzler 3. 12. 1932 – 28. 1. 1933). Am 30. 1. 1933 ernannte Reichspräsident von Hindenburg Adolf Hitler zum Reichskanzler.

128 37. Jahrg., Nr. 47; 19. Februar 1933
5. 3.: Wahl zum 8. Reichstag: Trotz rigoroser Unterdrückungsmaßnahmen (die ersten Konzentrationslager werden errichtet), können die Nationalsozialisten nicht die absolute Mehrheit erlangen (sie erhalten nie mehr als 44% der Stimmen), es ergibt sich jedoch durch das Dazukommen der Stimmen der DNVP-Fraktion eine knappe Mehrheit für die Regierung der „Nationalen Konzentration“.

129 37. Jahrg., Nr. 50; 12. März 1933 T
Die Unterschrift zitiert die ersten Sätze der Weimarer Verfassung.

Lebenschronik

(Angegeben sind nur die Zeitschriften und Zeitungen, an denen KA regelmäßig mitarbeitete und die Ausstellungen, in denen er mit einer größeren Anzahl von Werken vertreten war. Buchveröffentlichungen siehe Bibliographie.)

1883

geboren am 1. April als viertes von neun Kindern in Neustadt bei Coburg (Oberfranken), damals eine Industriestadt von 3000 Einwohnern, die hauptsächlich von der Spielwarenherstellung in Kleinbetrieben oder Heimarbeit lebten.
Der Vater Oscar Arnold (29. 3. 1854–27. 1. 1938) betrieb eine Puppenmanufaktur, die er später in die mehrere Fabriken umfassende Firma MOA (Elektrotechnische-, Porzellan- und Hartpapierartikel, sowie Möbel- und Metallwaren) umwandelte. 36 Jahre gehörte er dem Landtag Coburg an, die Hälfte davon als Präsident. Er vertrat den Wahlkreis Coburg bis zum Ausbruch der Revolution im Reichstag (Deutsche Demokratische Partei) und war 1921/1922 Abgeordneter des Bayerischen Landtags. Seiner Initiative ist es zu verdanken, daß im März 1920 nach einer Volksbefragung Coburg an Bayern angeschlossen wurde. In der Wirtschaftskrise 1929 machten seine Fabriken bankrott, bis zu seinem Tod war er dann auf die Unterstützung seiner Kinder angewiesen.
Die Mutter, geborene Emilie Dorn (20. 2. 1860–6. 3. 1933) hatte früh KA's künstlerisches Talent erkannt und darauf vertraut. Ihr Vater Ernst Dorn (1824–1876), Bossierer und Zeichenlehrer, hatte Spielzeugtiere modelliert und die Industrie- und Gewerbeschule in Neustadt gegründet, an der KA seinen ersten Kunstunterricht bekam. Nach ihrer Heirat mit M. O. Arnold am 8. Dezember 1879 arbeitete sie in dessen Puppenfabrik mit und leitete den Betrieb, wenn ihr Mann Geschäftsreisen unternahm oder durch seine parlamentarische Tätigkeit abwesend war.

1897

tritt in die „Herzogl. Industrie- und Gewerbeschule" in Neustadt ein und lernt in der Klasse von Ernst Derra zeichnen und modellieren

1901

Beginn des Studiums an der Akademie der Bildenden Künste in München bei Raupp, Löfftz und Franz von Stuck (in dessen Klasse gleichzeitig mit Wassily Kandinsky, Paul Klee, Hans Purrmann und Albert Weisgerber)

1905
Gründung des Faschingsfestes „Gauklertage“ durch Studenten der Akademie. KA malt Dekorationen und tritt als Gaukler auf.

1907
erste Veröffentlichung im ‚Simplicissimus“

1908
gründet mit Freunden das Künstlerfest „Vorstadt-Hochzeit“
erste Veröffentlichung in der „Jugend“
großes Gemälde „Auferstehung Christi“ für die Kirche in Neustadt

1910/1911
Aufenthalt in Paris zusammen mit Anne-Dora Volquardsen, seiner künftigen Frau. Von dort Mitarbeit am „Simplicissimus“ und an der „Jugend“

1911
heiratet Anne-Dora Volquardsen (geboren am 25. Dezember 1883 in Tondern). Er hatte sie in München kennengelernt, wohin sie gekommen war, um Malerei zu studieren.

1913
Gründung der „Neuen Münchener Secession“ unter Führung von Albert Weisgerber zusammen mit Bernhard Bleecker, Alexej von Jawlensky, Alexander Kanoldt, Paul Klee, Edwin Scharff u. a.

1914
Winterausstellung der „Secession“, München
Erste Ausstellung der „Neuen Münchener Secession“
14. Oktober: Tod des ersten Sohnes Peter (geboren am 21. September 1912)

1914–1917
zeichnet als Soldat (Uffz.) die von ihm vorgeschlagenen „Kriegsflugblätter“ für die vom Armeeoberkommando herausgegebene „Liller

Kriegszeitung". Ihr Erfolg (auch in der Heimat) beruht darauf, daß sie frei sind von der damals üblichen Propaganda.

1917
wird Teilhaber der „Simplicissimus GmbH"; ist jahrelang auch „Redakteur für Bildideen und Texte"

1919
Gründung der „Vereinigung Münchener Graphiker DIE MAPPE" zusammen mit Thomas Theodor Heine u. a., erste Ausstellung der Vereinigung in der Galerie Caspari

1922
Mitarbeit an der Schweizer Zeitschrift „Nebelspalter"
schlägt Angebot der Hearst-Presse, nach USA zu gehen, aus

1924
zu Beginn des Jahres schwere Erkrankung an Mittelohrentzündung
„Frühjahrsausstellung Münchner Kunst" in der Noris-Halle am Marientor, Nürnberg

1925
Februar/März: Atlantikfahrt mit dem Dampfer „München" auf Einladung der Hapag
„Die Münchener Neue Secession 1914–1924" im Kunstverein München

1926
„I. Allgemeine Kunst-Ausstellung München 1926 im Glaspalast" (Ausstellung der 26 Aquarelle zum Schlaraffenland von Hans Sachs)
Plakat für den Roman „Klettermaxe" von Hans Possendorf in der „Münchner Illustrierten Presse" und den gleichnamigen Film
Die Nr. 37 und 40 des „Simplicissimus" werden beschlagnahmt. In Nr. 37 war eine Zeichnung von Heinrich Zille mit sieben nackten weiblichen Modellen in einem Künstleratelier erschienen. Als Antwort auf das Verbot klebte KA eine Kollage mit Aktfotos aus öffentlich verkauften Magazinen und veröffentlichte sie in Nr. 40 mit der Überschrift: „Unseres lieben Herrn Staatsanwalts braver Normalmensch" und der Unterschrift: „Nieder mit der Karikatur! Sie stört nur meine Freude an den täglich erscheinenden süßen Bildeln!" Das Verbot wurde erst im Mai 1927 wieder aufgehoben.

1927
Die beabsichtigte Verleihung des Titels „Professor“ an KA, Thomas Theodor Heine und Eduard Thöny löst eine Pressediskussion und eine Landtagsdebatte aus und wird vom Kultusminister Goldenberger zurückgezogen, mit der Begründung: „daß, wenn die Kunst verwendet wird im Dienste eines Organs [Simplicissimus], das die staatlichen Einrichtungen fortgesetzt verhöhnt und untergräbt, die betreffenden Künstler, wenn sie noch in der Hauptsache für dieses betreffende Organ arbeiten, nicht mit einer staatlichen Auszeichnung als Professor der bildenden Künste bedacht werden können.“
Rede über die „Münchener Neue Secession“ im Steinicke-Saal in München
Kollektivausstellung im Albrecht-Dürer-Verein, Nürnberg
Kollektivausstellung im Coburger Kunstverein
„Kunstausstellung Dresden 1927“ Brühlsche Terrasse

1928
Vertrag mit dem Verlag Knorr & Hirth über einen monatlichen zweiseitigen Beitrag in der „Münchner Illustrierten Presse“ (Chefredakteur Stefan Lorant) nach KAs Vorschlägen
Rede auf der Pressa (Presseausstellung in Köln)
„Romantik und Kritik“, Ausstellung in der Modernen Galerie Wertheim, Berlin (Ringelnatz-Illustrationen)
„Gemüt in Zeitlupe“, Kollektivausstellung im Warenhaus Wertheim, Berlin
Ausstellung in der Galerie Caspari, München

1929
„Münchner Neue Secession. Frühjahrs-Ausstellung“ im Glaspalast, München
„Herbst-Ausstellung“ in der Preußischen Akademie der Künste zu Berlin, Eröffnungsansprache von Max Liebermann über die Kunst des Zeichnens

1930
„Deutsche Kunstausstellung München 1930 im Glaspalast“
„Münchner Kunst der Gegenwart“, Kunsthalle Basel

1931
Vertrag mit der „Münchner Illustrierten Presse“ über „allgemeine Beratung, Teilnahme an Konferenzen etc.“

1932

„Die Zeichner des Simplicissimus“, Ausstellung in der Kestner-Gesellschaft in Hannover

„Düsseldorf – Münchener Kunstausstellung“, Kunstpalast Düsseldorf

„Aus der Werkstatt des Künstlers“ Münchener Neue Secession unter Mitwirkung der Staatl. Graphischen Sammlung in der Neuen Sammlung im Bayerischen Nationalmuseum München

1933

Januar: „Vor- und Nachkriegsjahre im Spiegel des Simplicissimus“, Ausstellung in der Galerie Günther Franke, München, Eröffnungsansprache von Wilhelm Hausenstein

„Humor och Satir“, internationale Ausstellung in Liljevalchs Konsthall, Stockholm

April: Die Retrospektive anläßlich des 50. Geburtstags im Münchener Kunstverein kann nicht mehr stattfinden, obwohl die Einladungen schon verschickt waren

1935

„Münchener Kunst“, Sonderausstellung in der Neuen Pinakothek München

„Münchener Künstler“, Ausstellung in der Preußischen Akademie der Künste Berlin

1936

„Große Münchner Ausstellung (Glaspalastausstellung)“ in der Neuen Pinakothek

Exklusivvertrag als Pressezeichner mit dem Ullstein Verlag (Berliner Illustrierte Zeitung)

1937

Die „Münchener Neue Secession“ wird aufgelöst

1938

Die „Berliner Bilder“ (erschienen 1924) werden auf die Liste „schädlichen und unerwünschten Schrifttums“ gesetzt und aus dem Verkehr gezogen.

1939

„Spiegel der Zeit“, Ausstellung im Kunstverein München

1940
„Frühjahrs-Ausstellung“ in der Preußischen Akademie der Künste Berlin

1943
KA erleidet einen Schlaganfall

1945
Die Münchner Wohnung mit dem Atelier wird bei einem Fliegerangriff im Januar zerstört

1953
Kunstpreis der Stadt München, Ehrenmitglied der Hochschule für Bildende Künste München
„KA 70. Geburtstag“, Ausstellung in der Staatlichen Graphischen Sammlung in München (zusammen mit Olaf Gullbransson), Eröffnungsansprache von Bernhard Degenhart
Kollektivausstellung im Wilhelm Busch-Museum, Hannover
29. November in München gestorben

1954
„Humor und Satire in der deutschen Kunst unseres Jahrhunderts“, Ausstellung im Karl-Ernst-Osthaus-Museum, Hagen

1956
„Aus dem Nachlaß“, Ausstellung im Coburger Kunstverein, Coburg

1958
„Münchener Neue Secession“, Ehrenausstellung anläßlich der 800-Jahr-Feier der Stadt München im Kunstverein München

1973
„Schlaraffenland, Kuttel Daddeldu und andere Blätter“, Ausstellung im Lessinghaus der Herzog August Bibliothek in Wolfenbüttel. Katalog mit Bibliographie sämtlicher Buchgraphiken Karl Arnolds und Texten von Thomas Mann, Ernst Penzoldt und Eugen Roth, herausgegeben von Paul Raabe. Anläßlich der Ausstellung erschienen zwei vierfarbige und ein schwarz/weißes Poster mit Motiven aus dem „Schlaraffenland“ und den „Turngedichten“ von Ringelnatz. Die Ausstellung wanderte nach Darmstadt, Kopenhagen, Paris, Köln, Brüssel und Wien.

1974
„Portrait der zwanziger Jahre. Politik und Gesellschaft der Weimarer Republik, gesehen von einem Zeitgenossen", Wanderausstellung (Reproduktionen) des Instituts für Auslandsbeziehungen, Stuttgart. Katalog mit einem Vorwort von Peter de Mendelssohn (auch in englischer und italienischer Sprache). Die Ausstellung wurde (bis Ende 1978) in Belgien, Brasilien, Italien, Luxemburg, Österreich, Griechenland, Großbritannien, Frankreich, Kanada, Südafrika, der Schweiz und den USA gezeigt.

1975
„Zeichnungen und Karikaturen", Retrospektive in der Akademie der Künste Berlin in Zusammenarbeit mit dem Senator für Wissenschaft und Kunst Berlin. Katalog mit einer Einleitung von Eberhard Roters und unveröffentlichten Dokumenten aus dem Nachlaß. Die Ausstellung wanderte nach Düsseldorf, Nürnberg, Stuttgart, Hamburg und München.

1977
„Karl Arnold. Leben und Werk", Ausstellung im Studio Bruckmann, München
„Zeichner des Simplicissimus", Ausstellung in der Galerie Karl & Faber, München
„Simplicissimus. Eine satirische Zeitschrift. München 1896 – 1944", Ausstellung im Haus der Kunst, München. Ausführlicher Katalog. Die Ausstellung wanderte nach Wien, Bremen und Darmstadt
„Apocalypse and Utopia. A view of Art in Germany 1910–1933", Ausstellung in der Galerie Fischer Fine Art, London. Katalog in englischer Sprache mit Vorwort von Norbert Lynton.

1978
„Zeichner der JUGEND", Ausstellung in der Galerie Ilse Schwinsteiger, München
„Karl Arnold 1883–1953", Ausstellung in der Galerie Fischer Fine Art, London. Katalog in englischer Sprache mit Vorwort von Wolfgang Georg Fischer
„Karl Arnold. Berlino e Weimar. Personaggi e situationi nella Germania degli anni venti", Ausstellung in der Galerie Il Segno, Rom, anschließend in der Galerie Stanza del Borgo, Mailand. Katalog in italienischer Sprache mit Vorwort von Mario Quesada

1979

„Simplicissimus. The Art of Germany's Most Influential Satire Magazine", Ausstellung im Goethe House New York und der Galerie La Boetie, New York. Katalog in englischer Sprache mit einer Einleitung von Tom Wolfe und einem Beitrag von Mark Rosenthal, herausgegeben von Steve Heller

„Die Zwanziger Jahre in München", Ausstellung im Stadtmuseum, München. Ausführlicher Katalog

Bibliographie (chronologisch)

Bücher von Karl Arnold

Arnolds Kriegsflugblätter der Liller Kriegszeitung
(100 Karikaturen mit Texten)
Verlag der Liller Kriegszeitung, Lille, Weihnachten 1915

Arnolds neue Kriegsflugblätter der Liller Kriegszeitung
(66 Karikaturen mit Texten)
Verlag der Liller Kriegszeitung, Lille, Ostern 1917

Karl Arnold: Berliner Bilder
(48 Karikaturen mit Texten)
Simplicissimus Verlag, München 1924

Karl Arnold: Das Schlaraffenland des Hans Sachs
(Handgeschriebener Text mit 29 farbigen Bildern)
Volksverband der Bücherfreunde, Wegweiser-Verlag, Berlin 1925
(Neuausgabe Insel Verlag, Frankfurt am Main 1976)

Karl Arnold: Der Mensch ist gut, aber die Leut san a G'sindel
(90 Karikaturen mit Texten)
Dulk Verlag, Hamburg 1952

Karl Arnold: Schwabing und Kurfürstendamm
55 Zeichnungen. Angesagt von Ernst Penzoldt
Piper Verlag (Piper Bücherei 60), München 1953

Karl Arnold: Hoppla, wir leben! Die 14 Jahre der Weimarer Republik in Bildern, Einführung von Dolf Sternberger
(132 Karikaturen mit Texten)
Fackelträger Verlag, Hannover 1956

Karl Arnold: Das Steuermännlein und andere Bildergeschichten
Mit einem Aufsatz von Ernst Penzoldt
(23 Bildergeschichten mit Texten)
Insel Verlag (insel-taschenbuch 105), Frankfurt am Main 1975

Von Karl Arnold illustrierte Bücher
(vollständiges Verzeichnis aller Illustrationen und Buchumschläge im Katalog von Paul Raabe „Schlaraffenland, Kuttel Daddeldu und andere Blätter")

Alice Berend: Die Bräutigame der Babette Bomberling. Roman
Mit 62 Bildern von Karl Arnold
S. Fischer Verlag, Berlin 1922 und 1925

Joachim Ringelnatz: Kuttel Daddeldu. Gedichte
Mit 25 Zeichnungen von Karl Arnold
Kurt Wolff Verlag, München 1923
(Neuauflage Henssel Verlag, Berlin 1974)

Joachim Ringelnatz: Turngedichte
Mit 17 Zeichnungen von Karl Arnold
Kurt Wolff Verlag, München 1923
(Neuauflage Henssel Verlag, Berlin 1974)

Ernst Hoferichter: Das bayerische Panoptikum
Mit 22 Zeichnungen von Karl Arnold
Hugendubel Verlag, München 1935

Felix Riemkasten: Wir bauen uns ein Haus, juchhei!
Mit 23 Zeichnungen von Karl Arnold
Brunnen-Verlag, Berlin 1935

Karl Valentin: Brilliantfeuerwerk
Mit 22 Zeichnungen und 16 Vignetten von Karl Arnold
Hugendubel Verlag, München 1938
(Veränderte Neuauflage: Piper-Präsent. Piper Verlag, München 1974)

Veröffentlichungen mit Reproduktionen von Karikaturen von Karl Arnold und biographischen und kritischen Beiträgen

Des deutschen Michels Bilderbuch 1896–1921
Simplicissimus-Verlag, München 1921 (3 Abb. KA)

Das Gelbbuch der Münchner Mappe
Hyperion-Verlag, München 1921 (500 num. Ex.)
(KA „Münchner Kunstmaler“ 6 S.)

Geoffrey Holme (Editor): Caricature of today.
With an introduction by Randall Davies
The Studio Ltd. London 1928 (1 Abb. KA)

H. R. Westwood: Modern Caricaturists
With a Foreword on the Art of Caricature by David Low
Dickson, London 1932 (2 Abb. KA)

Hans Ostwald: Vom goldenen Humor in Bild und Wort. Ein Buch des Lachens und der Freude
G. Weise-Verlag, Berlin 1941 (5 Abb. KA)

Eugen Roth: Simplicissimus. Ein Rückblick auf die satirische Zeitschrift
Fackelträger Verlag, Hannover 1954 (17 Abb. KA)

Georg Ramseger: Duell mit der Geschichte. Deutsche Karikaturisten der Gegenwart
Stalling Verlag, Oldenburg, Hamburg 1955 (16 Abb. KA)

Georg Ramseger: Ohne Putz und Tünche. Deutsche Karikaturisten und die Kultur
Stalling Verlag, Oldenburg, Hamburg 1956 (15 Abb. KA)

Eugen Roth: 100 Jahre Humor in der deutschen Kunst
Fackelträger Verlag, Hannover 1957 (2 Abb. KA)

Christian Schütze: Facsimile-Querschnitt durch den Simplicissimus
Eingeleitet von Golo Mann
Scherz Verlag, Bern, Stuttgart, Wein 1963 (9 Abb. KA)

Herbert Sandberg: Der freche Zeichenstift
Eulenspiegel-Verlag, Berlin 1963 (5 Abb. KA)

Herbert Reinoss (Herausgeber): Simplicissimus
Unter Verwendung einer Auswahl von Rolf Hochhuth
Fackelträger Verlag, Hannover 1970 (59 Abb. KA)

Hans Dollinger: Lachen streng verboten!
Die Geschichte der Deutschen im Spiegel der Karikatur
Südwest Verlag, München 1972 (25 Abb. KA)

Richard Christ (Herausgeber): Simplicissimus 1896–1914
Rütten & Loening Verlag, Berlin 1972 (6 Abb. KA)

Ludwig Hollweck: Karikaturen. Von den Fliegenden Blättern zum Simplicissimus 1844 bis 1914
Süddeutscher Verlag, München 1973 (2 Abb. KA)

Friedrich Bohne (Herausgeber): Der Deutsche in seiner Karikatur.
100 Jahre Selbstkritik
Kommentiert von Thaddäus Troll, mit einem Essay von Theodor Heuss
Bassermann Verlag, Stuttgart, o. J. (8 Abb. KA)

Veröffentlichungen über Karl Arnold
(außer den Vor- oder Nachworten in den Büchern und Katalogen)

Paul Weiglin: Karl Arnold, ein Meister deutschen Humors
Velhagen & Klasings Monatshefte, 39. Jahrg., Heft 6, Berlin, Februar 1925

Thomas Mann: Karl Arnold
Berliner Tageblatt, 11. Februar 1927
Reden und Aufsätze II, S. 754 ff (Stockholmer Gesamtausgabe)
S. Fischer Verlag, Frankfurt a. M. 1965

Wilhelm Hausenstein: Der Zeichner Karl Arnold
UHU, 5. Jahrg., Heft 4, Berlin, Januar 1929

Georg Jakob Wolf: Karl Arnold
Die Kunst. Monatshefte für freie und angewandte Kunst, 59. Band, Heft 6, München 1929

anonym: Ein Zeichner sagt die Wahrheit
Münchner Illustrierte Presse, Nr. 16, München 1932

Wilhelm Hausenstein: Der Simplicissimus
Die Einkehr. Beiblatt der Münchner Neuesten Nachrichten, München, 23. Januar 1933

anonym: Die letzten vierzehn Jahre. Wie unser Mitarbeiter Karl Arnold sie gesehen hat
Münchner Illustrierte Presse, Nr. 11, München 1933

Eugen Roth: Karl Arnold
Jugend Nr. 29, München, Juli 1939

Anton Sailer: Karl Arnold
Gebrauchsgraphik. International Advertising Art, 16. Jahrg., Heft 9, Berlin 1939

Hermann Sinsheimer: Gelebt im Paradies. Erinnerungen und Begegnungen
Richard Pflaum Verlag, München 1953

Franz Schoenberner: Bekenntnisse eines europäischen Intellektuellen
Kreisselmeier Verlag, München 1964

Ludwig Hollweck: Zwischen Schwabing und dem Kurfürstendamm: Karl Arnold
Münchner Leben, 18. Jahrg., Heft 9, München, September 1973

Herbert Heckmann: Das Schlaraffenland. Aquarelle von Karl Arnold zu Versen von Hans Sachs
DU, 33. Jahrg., Weihnachtsnummer, Zürich, Dezember 1973

Karl Arnold. Leben und Werk
Herausgegeben von Fritz Arnold, Vorwort von Wieland Schmied (mit ca. 60 Schwarzweiß- und 32 Farbabbildungen)
Bruckmann Verlag, München 1977

Fritz Arnold: Mein Vater, der Karikaturist Karl Arnold
Rogner's Magazin Nr. 10, Oktober 1977
Julius Belz KG, Weinheim & Basel

Die bibliophilen Taschenbücher

Bisher sind erschienen:

Die Gutenberg-Bibel, Band 1
Nach der Ausgabe von 1450–1455
Die bibliophilen Taschenbücher Nr. 1
Mit Nachworten von Wieland Schmidt
und Aloys Ruppel
320 Seiten,
14,80 DM

Lieder der Heimath
Nach der Ausgabe von 1868
Die bibliophilen Taschenbücher Nr. 2
140 S., 119 Abb.,
7,80 DM

Kladderadatsch
1. Jahrgang – 1848
Die bibliophilen Taschenbücher Nr. 3
140 S., 82 Abb.,
6,80 DM

Harriet Beecher Stowe
Onkel Tom's Hütte
Nach der Ausgabe von 1853
Die bibliophilen Taschenbücher Nr. 4
366 S., 40 Abb.,
12,80 DM

Ludwig Bechstein's Märchenbuch
Nach der Ausgabe von 1853
Die bibliophilen Taschenbücher Nr. 5
174 Holzschnitte von Ludwig Richter
280 Seiten,
9,80 DM

Franz Kugler/Adolph Menzel
Geschichte Friedrichs des Großen
Nach der Ausgabe von 1856
Die bibliophilen Taschenbücher Nr. 6
317 Illustrationen von Adolph Menzel
545 Seiten,
16,80 DM

Das Lob des Tugendsamen Weibes
Nach der Ausgabe von 1885
Die bibliophilen Taschenbücher Nr. 7
30 Illustrationen von L. von Kramer
60 Seiten,
6,80 DM

Pater Hilarion alias Joseph Richter
Bildergalerie weltlicher Misbräuche
Nach der Ausgabe von 1785
Die bibliophilen Taschenbücher Nr. 8
270 S., 20 Tafeln,
9,80 DM

Christoph Weigel
Abbild- und Beschreibung der Gemein-Nützlichen Haupt-Stände
Nach der Ausgabe von 1698
Die bibliophilen Taschenbücher Nr. 9
210 Tafeln, 434 Seiten,
14,80 DM

Theodore de Bry
Das vierdte Buch Von der neuwen Welt
Nach der Ausgabe von 1594
Die bibliophilen Taschenbücher Nr. 10
194 S., 26 Abb.,
9,80 DM

Zeitung für Pferdeliebhaber
Nach dem 1. Jahrgang 1825/26
Die bibliophilen Taschenbücher Nr. 11
414 S., 12 Tafeln,
14,80 DM

Praktische Konditoreikunst
Nach der Ausgabe von 1916
Die bibliophilen Taschenbücher Nr. 12
111 Farbtafeln, 242 S.,
16,80 DM

Ludwig Richter/A. E. Marschner
Alte und neue Studentenlieder
Nach der Ausgabe von 1844
Die bibliophilen Taschenbücher Nr. 13
66 Holzschnitte von Ludwig Richter
80 Seiten,
6,80 DM

Johann Elias Ridinger
Vorstellung und Beschreibung derer Schul und Campagne Pferden nach ihren Lectionen
Nach der Ausgabe von 1760
Die bibliophilen Taschenbücher Nr. 14
46 Tafeln, 118 Seiten,
9,80 DM

Hancarville
Bilder aus dem Privatleben der römischen Cäsaren
Nach der Ausgabe von 1906
Die bibliophilen Taschenbücher Nr. 15
Mit einem Nachwort von Henri Herbedé
51 Tafeln, 258 Seiten,
9,80 DM

Hans Dichand (Hrsg.)
Jugendstilpostkarten
Die bibliophilen Taschenbücher Nr. 16
Mit einem Nachwort von Hans Dichand
und Künstlerbiographien
von Michael Martischnig
69 Farbtafeln
164 Seiten,
16,80 DM

Lügen-Chronik oder Wunderbare Reisen zu Wasser und zu Lande und lustige Abenteuer des Freiherrn von Münchhausen
Nach der Ausgabe von 1839
Die bibliophilen Taschenbücher Nr. 17
504 Seiten, 117 Holzschnitte
14,80 DM

Johann Bernhard Fischer von Erlach
Entwurf einer historischen Architektur
Nach der Ausgabe von 1721
Die bibliophilen Taschenbücher Nr. 18
Mit einem Nachwort von Harald Keller
89 Kupfertafeln
289 Seiten,
16,80 DM

Grandville
Die Seele der Blumen – Les Fleurs Animées
Nach der Ausgabe von 1847
Die bibliophilen Taschenbücher Nr. 19
Mit einem Nachwort von Marianne Bernhard
51 Farbtafeln, 116 Seiten,
14,80 DM

Johann Wolfgang von Goethe
Die Leiden des jungen Werthers/
Friedrich Nicolai
Die Freuden des jungen Werthers
Nach den Ausgaben von 1774 und 1775
Die bibliophilen Taschenbücher Nr. 20
Mit einem Nachwort von Heiner Höfener
307 Seiten,
12,80 DM

Anmuth und Schönheit
Nach der Ausgabe von 1797
Die bibliophilen Taschenbücher Nr. 21
317 Seiten, 5 Abb.,
9,80 DM

Alte Bilderrätsel
Aus dem 19. Jahrhundert
Die bibliophilen Taschenbücher Nr. 22
Mit einem Nachwort von Ulrike Bessler
69 Tafeln, 151 Seiten,
6,80 DM

Hancarville
Denkmäler des Geheimkults der römischen Damen
Nach einem Privatdruck um 1910
Die bibliophilen Taschenbücher Nr. 23
49 Tafeln, 144 Seiten,
9,80 DM

Karl Friedrich Flögel
Geschichte des Grotesk-Komischen
Nach der Ausgabe von 1862
Die bibliophilen Taschenbücher Nr. 24
548 S., zahlreiche Farb- und Schwarzweiß-Abb
sowie alle Klapp- und Verwandlungseffekte
16,80 DM

Deutsches Balladenbuch
Nach der Ausgabe von 1861
Die bibliophilen Taschenbücher Nr. 25
122 Holzschnitte von L. Richter u. a.
360 Seiten,
12,80 DM

Herzensangelegenheiten.
Liebe aus der Gartenlaube
Aus dem 19. Jahrhundert
Die bibliophilen Taschenbücher Nr. 26
Mit einem Nachwort von Marianne Bernhard
102 Abb., 156 S.,
6,80 DM

August Johann Rösel von Rosenhof
Insecten-Belustigung
Nach der Ausgabe von 1746–61
Die bibliophilen Taschenbücher Nr. 27
Mit einem Nachwort von Wolfgang Dierl
175 Farbtafeln, 187 Seiten
19,80 DM

Wilhelm Hey
Funfzig Fabeln für Kinder
Nach der Ausgabe von 1833
Die bibliophilen Taschenbücher Nr. 28
50 Tafeln von Otto Speckter
Mit einem Nachwort von Walter Scherf
166 Seiten,
9,80 DM

Karl Bädeker
Rheinreise von Basel bis Düsseldorf
Nach der Ausgabe von 1849
Die bibliophilen Taschenbücher Nr. 29
Mit einem Nachwort von Peter Baumgarten
498 S., zahlreiche Ansichten,
Pläne und Karten,
14,80 DM

Johann Amos Comenius
Orbis sensualium pictus
Nach der Ausgabe von 1658
Die bibliophilen Taschenbücher Nr. 30
Mit einem Nachwort von Heiner Höfener
405 Seiten, zahlr. Abb.,
14,80 DM

Robert Reinick
ABC-Buch für kleine und große Kinder
Nach der Ausgabe von 1876
Die bibliophilen Taschenbücher Nr. 31
Mit einem Nachwort von Ulrike Bessler
27 Tafeln, 178 Seiten,
6,80 DM

J. W. Ludlow
Das Buch der Tauben
Nach der Ausgabe um 1870
Die bibliophilen Taschenbücher Nr. 32
Mit einem Nachwort von Joachim Schütte
50 Farbtafeln, 118 Seiten
9,80 DM

Kaiser-Wilhelm-Album
Die bibliophilen Taschenbücher Nr. 34
ca. 100 Abb., 180 Seiten
12,80 DM

Das Nibelungenlied
Übersetzt von Gotthard Oswald Marbach
Nach der Ausgabe von 1841
Die bibliophilen Taschenbücher Nr. 35
416 Seiten, 44 Holzschnitte
14,80 DM

Der Markusplatz zu Venedig
Nach der Ausgabe von 1831
Die bibliophilen Taschenbücher Nr. 36
Mit einer Einführung von Harald Keller
17 Farbtafeln, 61 Seiten
9,80 DM

12 000 Deutsche Sprichwörter
Nach der Ausgabe von 1846
Die bibliophilen Taschenbücher Nr. 37
Mit einem Nachwort von Hermann Bausinger
592 Seiten,
16,80 DM

Oliver Goldsmith
Der Landprediger von Wakefield
Übersetzt von Ernst Susemihl
Nach der Ausgabe von 1841
Die bibliophilen Taschenbücher Nr. 38
Mit einem Nachwort von Heiner Höfener
58 Holzschnitte von Ludwig Richter
288 Seiten,
7,80 DM

Ludwig Richter
Beschauliches und Erbauliches
Nach der Ausgabe von 1855
Die bibliophilen Taschenbücher Nr. 39
Mit einem Nachwort von Reinhard Bentmann
35 Holzschnitte, 68 Seiten
6,80 DM

F. J. Kiefer
Die Sagen des Rheinlandes
Nach der Ausgabe von 1845
Die bibliophilen Taschenbücher Nr. 40
344 Seiten, 20 Stahlstiche
12,80 DM

Julius Schnorr von Carolsfeld
Die Bibel in Bildern
Nach der Ausgabe von 1852–60
Die bibliophilen Taschenbücher Nr. 41
320 Seiten
12,80 DM

Johann Peter Hebel
Allemannische Gedichte für Freunde ländlicher Natur und Sitten
Nach der hochdeutschen Ausgabe von 1851
Die bibliophilen Taschenbücher Nr. 42
95 Holzschnitte von Ludwig Richter
273 Seiten,
7,80 DM

Hans Burgkmair d. J.
Turnier-Buch
Nach der Ausgabe von 1853
Die bibliophilen Taschenbücher Nr. 43
Mit einem Nachwort von R. Bentmann
27 Farbtafeln nach Hans Burgkmair
86 Seiten, 9,80 DM

Johann Gottfried von Herder
Der Cid
Nach der Ausgabe von 1859
Die bibliophilen Taschenbücher Nr. 44
Mit einem Nachwort von Heiner Höfener
73 Holzschnitte von Eugen Neureuther
260 Seiten, 9,80 DM

Theodor Storm
Immensee
Nach der Ausgabe von 1857
Die bibliophilen Taschenbücher Nr. 45
12 Abbildungen von Ludwig Pietsch
60 Seiten, 6,80 DM

Heinrich Zschokke
Die klassischen Stellen der Schweiz
Nach der Ausgabe von 1842
Die bibliophilen Taschenbücher Nr. 46
Mit einem Nachwort von Peter Baumgarten
84 Abbildungen von Gustav A. Müller
596 Seiten, 16,80 DM

Georg Scherer (Hrsg.)
Die schönsten deutschen Volkslieder
Nach der Ausgabe von 1875
Die bibliophilen Taschenbücher Nr. 47
Mit einem Nachwort von Rolf Wilh. Brednich
94 Abbildungen von Ramberg, Richter u. a.
280 Seiten, 9,80 DM

Angela und Andreas Hopf (Hrsg.)
Alte Exlibris
Die bibliophilen Taschenbücher Nr. 48
220 Abbildungen, davon 32 in Farbe
240 Seiten, 16,80 DM

Johann Wolfgang von Goethe
Reineke Fuchs
Nach der Ausgabe von 1867
Die bibliophilen Taschenbücher Nr. 49
Mit einem Nachwort von Walter Scherf
36 Stahlstiche von Wilhelm von Kaulbach
356 Seiten, 12,80 DM

Machiavel/Friedrich II.
Regierungskunst eines Fürsten/Anti-Machiavel
Nach der Ausgabe von 1745
Die bibliophilen Taschenbücher Nr. 50
Mit einem Nachwort von Heiner Höfener
556 Seiten, 16,80 DM

Abraham a Sancta Clara
Hundert Ausbündige Narren
Nach der Ausgabe von 1709
Die bibliophilen Taschenbücher Nr. 51
Mit einem Nachwort von Wilfried Deufert
101 Tafeln von Christoph Weigel
532 Seiten, 16,80 DM

Wilhelm Hey
Noch funfzig Fabeln
Nach der Ausgabe von 1837
Die bibliophilen Taschenbücher Nr. 52
Mit einem Nachwort von Walter Scherf
50 Farbtafeln von Otto Speckter
150 Seiten, 12,80 DM

Oscar Ludwig Bernhard Wolff
Naturgeschichte des Deutschen Studenten
Nach der Ausgabe von 1847
Die bibliophilen Taschenbücher Nr. 53
232 Seiten, 29 Abbildungen
9,80 DM

Friedrich Sternberg
Knasterkopfs Annehmlichkeiten und Freuden
Nach der Ausgabe von 1834
Die bibliophilen Taschenbücher Nr. 54
204 Seiten, 16 Abbildungen
9,80 DM

Johann Gottwerth Müller von Itzehoe
Siegfried von Lindenberg
Nach der Ausgabe von 1779
Die bibliophilen Taschenbücher Nr. 54a
Mit einem Anhang von Friedrich Priewe, Wolfgang Reschke und Alexander Ritter
12 Abbildungen von Chodowiecki
254 Seiten, 6,80 DM

Joachim Heinrich Campe
Robinson der Jüngere
Nach der Ausgabe von 1860
Die bibliophilen Taschenbücher Nr. 55
Mit einem Anhang von Reinhard Stach
46 Holzschnitte von Ludwig Richter
352 Seiten, 14,80 DM

Johann Rottenhöfer
Anweisung in der feinern Kochkunst
Nach einer reich illustrierten
Ausgabe von 1898
Die bibliophilen Taschenbücher Nr. 56
1056 Seiten, 19,80 DM

Robert Lebeck (Hrsg.)
Playgirls von damals
Die bibliophilen Taschenbücher Nr. 57
Mit einem Nachwort von Manfred Sack
77 Abbildungen, davon 16 farbig
166 Seiten, 14,80 DM

Moritz von Schwind
Album vom Rauchen und vom Trinken
Nach der Ausgabe von 1875
Die bibliophilen Taschenbücher Nr. 58
Mit einem Nachwort von Marianne Bernhard
42 Radierungen von Moritz von Schwind
112 Seiten, 6,80 DM

Frieder Mellinghoff (Hrsg.)
Kunst-Ereignisse
Die bibliophilen Taschenbücher Nr. 59
88 farbige Abbildungen
186 Seiten, 16,80 DM

Johann Wolfgang von Goethe
Das römische Carneval
Nach der Ausgabe von 1789
Die bibliophilen Taschenbücher Nr. 60
Mit einem Nachwort von Harald Keller
20 Farbtafeln nach Georg Schütz
129 Seiten, 12,80 DM

Drumm/Henseler/May (Hrsg.)
Heinrich von Kleist
Der zerbrochene Krug
Nach der Ausgabe von 1877
Die bibliophilen Taschenbücher Nr. 61
Mit einem Nachwort von Marianne Bernhard
34 Holzschnitte von Adolph von Menzel
108 Seiten, 6,80 DM

Alte Wertpapiere
Die bibliophilen Taschenbücher Nr. 62
Mit einem Nachwort von Ulrich Drumm,
Alfons W. Henseler u. Erich J. May
170 farbige Abbildungen
240 Seiten, 19,80 DM

Der curieus- und offenhertzige Weinartzt
Nach der Ausgabe von 1753
Die bibliophilen Taschenbücher Nr. 63
416 Seiten, 9,80 DM

Die Schedelsche Weltchronik
Nach der Ausgabe von 1493
Die bibliophilen Taschenbücher Nr. 64
Mit einem Nachwort von Rudolf Pörtner
Ca. 2000 Holzschnitte von M. Wolgemut
u. W. Pleydenwurff
614 Seiten, 16,80 DM

Georg Scherer (Hrsg.)
Alte und neue Kinderlieder
nach der Ausgabe von 1849
Die bibliophilen Taschenbücher Nr. 65
Mit einem Nachwort von Hubert Göbels
80 Abbildungen von W. v. Kaulbach,
Ludwig Richter u. a.
207 Seiten, 7,80 DM

John Cleland
Die Memoiren der Fanny Hill
Übersetzt von E. Feldhammer
Nach der Ausgabe von 1906
Die bibliophilen Taschenbücher Nr. 66
8 Abbildungen von Franz v. Bayros
422 Seiten, 14,80 DM

Ludwig Richter
Goethe-Album
Nach der Ausgabe von 1857
Die bibliophilen Taschenbücher Nr. 67
40 Holzschnitte von Ludwig Richter
82 Seiten, 6,80 DM

August F. Cranz
Charlatanerien
Nach der Ausgabe von 1781
Die bibliophilen Taschenbücher Nr. 68
Mit einem Nachwort von Horst Möller
410 Seiten, 12,80 DM

Robert Lebeck (Hrsg.)
Reklame-Postkarten
Die bibliophilen Taschenbücher Nr. 69
Mit einem Nachwort von Jürgen Kesting
80 meist farbige Abbildungen
176 Seiten, 16,80 DM

Elke Dröscher
Puppenwelt
Die bibliophilen Taschenbücher Nr. 70
80 farbige Abbildungen
172 Seiten, 16,80 DM

Friedrich Güll
Kinderheimath
Nach der Ausgabe von 1836
Die bibliophilen Taschenbücher Nr. 71
Mit einem Nachwort von Hubert Göbels
10 Radierungen von J. Nisle
212 Seiten, 8,80 DM

Alfred Richard Meyer
Des Herrn Munkepunke Cocktail- und Bowlenbuch
Nach der Ausgabe von 1929
Die bibliophilen Taschenbücher Nr. 72
Mit einem Nachwort von Herbert Günther
62 Abbildungen von Erika Plehn
137 Seiten, 6,80 DM

Homer
Ilias
übertragen von Johann Heinrich Voß
Nach der Ausgabe von 1882
Die bibliophilen Taschenbücher Nr. 73
Mit einem Nachwort von Gerhard Lohse
Zahlr. Abbildungen von Friedrich Preller d. J.
436 Seiten, 14,80 DM

Fliegende Blätter
1844–1854. Eine Auswahl
Die bibliophilen Taschenbücher Nr. 74
Herausgegeben und mit
Nachwort von Marianne Bernhard
zahlreiche Abbildungen
213 Seiten, 9,80 DM

Johann Wolfgang von Goethe
Zur Farbenlehre
Nach der Ausgabe von 1810
Die bibliophilen Taschenbücher Nr. 75
Mit einem Nachwort von Dennis L. Sepper
7 Farbtafeln
455 Seiten, 16,80 DM

Marquis de Sade
Die hundertzwanzig Tage von Sodom
Übersetzt von Karl von Haverland
Nach der Ausgabe von 1909
Die bibliophilen Taschenbücher Nr. 76
Mit einem Nachwort von Marion Luckow
51 Illustrationen von Karl M. Dietz
568 Seiten, 16,80 DM

Robert Lebeck (Hrsg.)
Der Kuß
Die bibliophilen Taschenbücher Nr. 77
Mit einem Nachwort von Jürgen Kesting
80 meist farb. Abbildungen
176 Seiten, 14,80 DM

Joachim Heinrich Campe
Abeze- und Lesebuch
Nach der Ausgabe von 1830
Die bibliophilen Taschenbücher Nr. 78
Mit einem Nachwort von Hubert Göbels
25 vierfarb. Abbildungen
273 Seiten, 12,80 DM

Homer
Odyssee
übertragen von Johann Heinrich Voß
Nach der Ausgabe von 1872
Die bibliophilen Taschenbücher Nr. 79
Mit einem Nachwort von Gerhard Lohse
40 Abbildungen von Friedrich Preller
366 Seiten, 14,80 DM

A. G. Eberhard
Hanchen und die Küchlein
Nach der Ausgabe von 1840
Die bibliophilen Taschenbücher Nr. 80
Mit einem Nachwort von Hubert Göbels
10 Abbildungen von Otto Speckter
236 Seiten, 9,80 DM

Hugo Gerhard Ströhl
Deutsche Staatswappen
Nach den Tafeln von 1897
Nachwort von Jürgen Arndt
Die bibliophilen Taschenbücher Nr. 81
45 Farbtafeln, 115 Seiten, 14,80 DM

Das malerische und romantische Deutschland
Die bibliophilen Taschenbücher Nr. 82
Mit einem Nachwort von Marianne Bernhard
390 Abbildungen
424 Seiten, 12,80 DM

Bilder-Gallerie
Nach der Ausgabe von 1825/27
Die bibliophilen Taschenbücher Nr. 83
Mit einem Nachwort von Heiner Höfener
226 Tafeln
540 Seiten, 14,80 DM

Die Goldene Bulle
Die bibliophilen Taschenbücher Nr. 84
Nach König Wenzels Prachthandschrift
Mit der deutschen Übersetzung von
Konrad Müller und einem Nachwort
von Ferdinand Seibt
158 Seiten, davon 92 farbig, 16,80 DM

Oscar Wilde
Salome
Die bibliophilen Taschenbücher Nr. 85
Mit einem Nachwort von Gabriele Sterner
14 Illustrationen von Aubrey Beardsley
8,80 DM

Pariser Mode vor hundert Jahren
Die bibliophilen Taschenbücher Nr. 86
Mit einem Nachwort von Ruth Bleckwenn
42 vierfarbige Abbildungen
127 Seiten, 12,80 DM

Schwänke aus dem Rheinischen Hausfreund
Die bibliophilen Taschenbücher Nr. 87
Mit Illustrationen von Carl F. Schulz
120 Abbildungen
493 Seiten, 14,80 DM

Karl Joseph Simrock
Das deutsche Räthselbuch
Die bibliophilen Taschenbücher Nr. 88
156 Seiten, 7,80 DM

Hans Christian Andersen
Gesammelte Märchen
Die bibliophilen Taschenbücher Nr. 89
Mit Illustrationen von Vilhelm Pedersen
125 Abbildungen
518 Seiten, 14,80 DM

Ruth Malhotra (Hrsg.)
Manege frei.
Artisten- und Zirkusplakate
von Adolph Friedländer
Die bibliophilen Taschenbücher Nr. 91
128 farbige Abbildungen
296 Seiten, 19,80 DM

Das barocke Rom
Die bibliophilen Taschenbücher Nr. 92
Nach zeitgenössischen Veduten –
Eingeleitet von Harald Keller
110 Abbildungen
250 Seiten, 14,80 DM

Johann Willsberger
Alte Cameras
Die bibliophilen Taschenbücher Nr. 93
68 farbige Abbildungen
151 Seiten, 14,80 DM

Robert Lebeck (Hrsg.)
Herzlichen Glückwunsch
Die bibliophilen Taschenbücher Nr. 94
Mit einem Nachwort von Gerhard Kaufmann
80 alte Postkarten
80 farbige Abbildungen
175 Seiten, 16,80 DM

Albrecht Dürer
Die drei großen Bücher
Marienleben
Große Passion
Apokalypse
Nach den Ausgaben von 1511
Die bibliophilen Taschenbücher Nr. 95
Herausgegeben von Horst Appuhn
48 Holzschnitte
182 Seiten, 9,80 DM

F. E. von Rochow
Der Kinderfreund
Ein Lesebuch zum Gebrauch in Landschulen
Nach der Erstausgabe von 1776
Die bibliophilen Taschenbücher Nr. 96
Herausgegeben und mit einer illustrierten
Bibliographie versehen von Hubert Göbels
55 Abbildungen
207 Seiten, 12,80 DM

Albert Robida
Luftschlösser der Belle Époque
100 utopische Zeichnungen 1880
Die bibliophilen Taschenbücher Nr. 97
Herausgegeben von Winfried Petri
100 Abbildungen, teilweise farbig
213 Seiten, 12,80 DM

Carl Ludwig Frommel
Baden-Baden und seine Umgebungen in malerischen Ansichten
Nach der Ausgabe von 1843
Die bibliophilen Taschenbücher Nr. 98
Text von Hofrat Schreiber
25 Tafeln und ein herausklappbares Panorama
152 Seiten, 12,80 DM

Kurt K. Doberer (Hrsg.)
Schöne Briefmarken
Die bibliophilen Taschenbücher Nr. 99
80 farbige Abbildungen
172 Seiten, 16,80 DM

Triumphzug Kaiser Maximilians I.
Nach der Ausgabe von 1526
Die bibliophilen Taschenbücher Nr. 100
Bilderfries aus 137 Holzschnitten
von Albrecht Altdorfer, Hans Burgkmair d. Ä.,
Albrecht Dürer u. a.
137 Abbildungen
205 Seiten, 9,80 DM

Friedrich Justin Bertuch
Bilderbuch für Kinder
Die bibliophilen Taschenbücher Nr. 101
Eine Auswahl
Herausgegeben von Hubert Göbels
80 Farbtafeln
189 Seiten, 16,80 DM

Lukian
Die Hetärengespräche
Nach der Ausgabe von 1967
Die bibliophilen Taschenbücher Nr. 102
Deutsch von Franz Blei
Mit 15 Bildern von Gustav Klimt
15 Abbildungen
81 Seiten, 6,80 DM

Elke Dröscher
Puppenleben
Die bibliophilen Taschenbücher Nr. 103
80 farbige Abbildungen
123 Seiten, 16,80 DM

Salomon Kleiner
Das florierende Wien
Nach Kupferstichfolgen der Jahre 1724/37
Die bibliophilen Taschenbücher Nr. 104
142 Veduten
142 Abbildungen
307 Seiten, 14,80 DM

Robert Lebeck (Hrsg.)
Bitte recht freundlich
80 alte Postkarten
Die bibliophilen Taschenbücher Nr. 105
Mit einem Nachwort von Manfred Sack
80 farbige Abbildungen
180 Seiten, 16,80 DM

Wilhelm Wolf
Fahrrad und Radfahrer
Nach der Ausgabe von 1890
Die bibliophilen Taschenbücher Nr. 106
Zahlreiche Abbildungen
270 Seiten, 9,80 DM

Christoph von Schmid
Zweiundfünfzig Bilder für die Jugend
Nach der Ausgabe um 1830
Die bibliophilen Taschenbücher Nr. 107
52 Tafeln
128 Seiten, 6,80 DM

Rebusbilder
Aus der Wiener allgemeinen Theaterzeitung
Die bibliophilen Taschenbücher Nr. 108
46 Farbtafeln
92 Seiten, 14,80 DM

Grandville
Verwandlungen von heute
Nach der Ausgabe von 1854
Die bibliophilen Taschenbücher Nr. 109
70 farbige Abbildungen
155 Seiten, 14,80 DM

Salomon Kleiner
Schönbornschlösser
45 Veduten.
Nach Kupferstichen der Jahre 1726/31
Die bibliophilen Taschenbücher Nr. 110
45 Abbildungen
ca. 110 Seiten, 6,80 DM

Johannes Andreas Christian Loehr
Erstes Bilder- und Lehrbuch
Nach der ersten Ausgabe um 1805
Die bibliophilen Taschenbücher Nr. 111
Illustrationen von
Johann Stephan Capieux u. a.
50 Farbtafeln
224 Seiten, 14,80 DM

Glücks-Rädlein oder
Wahrsagungs-Büchlein
Nach der Ausgabe von 1676
Die bibliophilen Taschenbücher Nr. 112
100 Seiten, 6,80 DM

Honoré Daumier
Caricaturiana
Kleine Leute und Bürger
der Julimonarchie
Nach der Ausgabe von 1839
Die bibliophilen Taschenbücher Nr. 113
101 Lithographien
Bildlegenden von Charles Philipon
101 Abbildungen
220 Seiten, 9,80 DM

Der Liebe Lust
Erotische Bilderfolgen
aus dem Biedermeier
Die bibliophilen Taschenbücher Nr. 114
80 farbige Abbildungen
114 Seiten, 16,80 DM